印象力で夢をかなえる。

瞬间吸引

人际交往中令人心动的加分项

〔日〕心美有姬——著

石朋飞——译

民主与建设出版社

·北京·

© 民主与建设出版社，2023

图书在版编目（CIP）数据

瞬间吸引：人际交往中令人心动的加分项 /（日）心美有姬著；石朋飞译 . -- 北京：民主与建设出版社，2022.11
ISBN 978-7-5139-4076-4

Ⅰ . ①瞬… Ⅱ . ①心… ②石… Ⅲ . ①人际关系学 - 通俗读物 Ⅳ . ① C912.11-49

中国版本图书馆 CIP 数据核字（2022）第 247222 号

Original Japanese title: INSHORYOKU DE YUME WO KANAERU
Copyright©2013 Miyuki Shigeta
Original Japanese edition published by Mikasa-Shobo Publishers Co., Ltd.
Simplified Chinese translation rights arranged with Mikasa-Shobo Publishers Co., Ltd. through The English Agency (Japan) Ltd. and Shanghai To-Asia Culture Co., Ltd.

瞬间吸引：人际交往中令人心动的加分项
SHUNJIAN XIYIN RENJI JIAOWANG ZHONG LINGREN XINDONG DE JIAFENXIANG

著　　者	〔日〕心美有姬	
译　　者	石朋飞	
责任编辑	刘　芳	
封面设计	吉冈雄太郎	
出版发行	民主与建设出版社有限责任公司	
电　　话	（010）59417747　59419778	
社　　址	北京市海淀区西三环中路 10 号望海楼 E 座 7 层	
邮　　编	100142	
印　　刷	北京盛通印刷股份有限公司	
版　　次	2022 年 11 月第 1 版	
印　　次	2023 年 4 月第 1 次印刷	
开　　本	880 毫米 ×1230 毫米　1/32	
印　　张	8.25	
字　　数	87 千字	
书　　号	ISBN 978-7-5139-4076-4	
定　　价	49.80 元	

注：如有印、装质量问题，请与出版社联系。

与人相遇的 0.5 秒，将决定你的人生

　　大家好，我是心美有姬，是一名印象管理培训师。

　　非常感谢您阅读本书。

　　在全年的 365 天里，我有 250 多天的时间在举办企业研修和研讨会，致力于对人们进行"印象教育"。

　　印象教育，也就是提升个人的"印象力"。

　　具体一点来讲，印象教育是一种训练方式，目的是让你和别人初次见面时，别人可以瞬间对你产

生"啊，这个人很优秀呀""还想和这个人再见面"这样的印象。

印象，具有超乎大家想象的力量。

迄今为止，我做过国际航班的机舱乘务员（cabin attendant）、酒店服务员等。回顾自己的职业生涯，正是印象带给了我职业上的成功。可以说，正是因为不断地提升自己的印象力，不断超越以前的自己，我才能够实现自己的梦想。

提升自己的印象力，与初次见面的人愉快相处，这些人就会支持你，帮助你实现梦想。

更重要的是，通过提升印象力，你将会自然而然地获得自信，更加积极乐观，能够向着梦想不断努力。

提升印象力，等于改变人生。

本书的内容主要有 17 个方面，包括通过提升印象力改变人生、带来机会、实现梦想的方法等。

在本书中，我会为大家介绍由我总结开发的提升印象力的方法——印象训练法。另外，我也会在本书中为大家介绍我在实现梦想的过程中发现的方法——"召唤成功"（Success Calling），这部分内容是第一次公开。

实际上，有时候我也会怀疑自己：真的可以实现梦想吗？这么异想天开的事情，仅仅靠写一些文章是办不到的……因为我自己尚且还在追求梦想。

但是，为了实现更加宏伟的梦想，这次，我决定挑战一番。

哪怕说是非常远大的梦想，但只要有机会，我就不会自我设限，觉得自己办不到。我要克服路途上的一切困难，以自己的影响力为武器，不断超越自己，致力于实现梦想。我相信，只要我不断地克服困难，超越自己，就可以实现这个远大的梦想。

　　实现这样远大的梦想，真的是任重而道远，还请大家多多支持我。

　　希望本书可以帮助更多人实现梦想，希望更多的人可以开心快乐。

　　　　　　　　　　　　　　　　　　心美有姬

成功离不开印象力

有志者，事竟成

我认为，实现梦想就像是爬山。

对于登山家来说，他们的梦想就是攀登上高山之顶。但是，在登顶之后，并不是止步于这座山峰。因为如果不下山，就无法继续攀登另外一座高山。优秀的登山家总是在挑战更高的山。总有一天，要登顶勃朗峰！不，要攀登上珠穆朗玛峰！

即使一开始只能登上海拔并不高的山，但是只要能不断战胜各种困难，就一定可以挑战更高的山。只要不断努力，不懈奋斗，最终一定能成为优秀的登山家。

实现梦想也是同样的道理，刚开始要先着眼于努力实现小目标或者小梦想。实现一个小梦想之后，向着下一个更大的梦想继续努力，决不半途而废，就一定可以达成心愿。

这样一来，每次登顶（实现梦想），就会充满成就感，会激励自己去实现更大的梦想，从而形成"实现梦想的成功循环"。

当然，实现梦想的过程中会有小失败和小挫折，同时也会存在小喜悦、小成长。正是因为这样，人生才充满乐趣。

蓦然回首，距离开始"实现梦想的成功循环"已经过去了 15 年。这 15 年间，我竟然不知不觉实现了自己昔日所憧憬的梦想，真的是出乎意料。

什么？竟然已经过去 15 年了？废寝忘食地追逐梦想的往事，仿佛历历在目。

回首过往，这 15 年间，我像登山家一样不断挑战、不断努力，多次经历挫折，几欲放弃。快要放弃的时候，我总是对着镜子给自己打气，劝自己不能放弃。

我总是对自己说：深谷有底，高山有峰，苦海有边，无论多么宏伟的梦想，一定有实现的方法。我一定会实现自己的梦想。再坚持一下，试试看！

充满挫折与幸福的人生

大学毕业后，我在日本航空（JAL）做空姐，在世界各地飞来飞去。25 岁前，我的生活充实美好，可是 25 岁后，我患上了卵巢囊肿，并听从医生的建议辞去了工作。之后，我结婚，有了两个女儿，可还是走向了离婚。离婚后，我虽然在精神上实现了自由，但是经济上非常拮据。

女儿还小的时候，我也在家做过一些副业，比如将碎布做成拼布出售，将红叶的树枝做成手工圣诞杂货放在附近的面包屋和杂货屋，卖给那些能看上它们的客人。

女儿上幼儿园后，我就把孩子托付给父母。我再次面试日本航空，又成为空姐。但是那家公司有很多泰国人，工资也是按照泰国标准来结算的。对于和两个孩子一同在日本生活的我来说，那点微薄的薪水，实在是捉襟见肘。

碰巧那个时候，经过朋友的介绍，我获得了一个工作机会，在没有飞行日程的时候，去东京都内的一所职业学校，给想要成为空姐的学生进行特别授课。

同时做着两份比较艰苦的工作，经济上终于好了起来，生活总算是过得去了。

就在习惯了这样的生活时，美国发生了"9·11"事件。

下了飞机后，回到家的时间比预计晚了很多，两个女儿抱着我的腿，哭着说不让我再做空姐了。

就这样，我同时辞去了日本航空和特别讲师的工作。我36岁的时候，在东京都内的一家酒店，从零开始做起了酒店服务员。这算是我的第二份，不，是第三份工作了。

微笑具有带来奇迹的力量

入职酒店的第一天，我看着眼前的酒店，心想这次总算是只做一份工作了，总算不用在天上飞来飞去，可以在地面上踏踏实实地工作了。但是，实际上，仅仅是这么一个小小的梦想，第一天就破灭了。

终面是社长亲自面试。我顺利通过了面试，以"客户接待教育指导员"的身份被正式录用。但是第一天上班时，大家发现这家公司的客户接待教育工作已经被外包给了教育机构。

也就是说，公司忘记了他们是招我来做客户接待教育指导员的。就这样，我丢失了本应该属于我的岗位。

社长见我没有职务，迅速设置了一个"information

girl"（信息女郎）的职位。但是工作内容却是一边清扫酒店入口，一边向因为通勤等经过酒店乘坐"丸之内线"的商务人士打招呼。这与之前允诺的职务真的是相差甚远。

我和家人说了后，家人都很生气，觉得我的工作简直令人无法接受。但我依然很感激酒店给我安排的工作。我一边做扫除，一边和路上来往的行人打招呼。这样工作了几天后，大家对我的态度就产生了变化。

不仅是丸之内附近的商务人士，甚至一些上市公司的社长、董事，以及国务大臣级别的政治家，都不断地向我打招呼，夸我非常有精气神，笑起来好看。也有一些顾客会对我说："我是为了见你，所以才来这家酒店的。"

有可能是当时的社长发现了这样的情况，便提拔我做管理者。让我统管会员制休息室的服务企划和运营。对酒店一无所知的我，充分发挥了自己的大胆想法，短短半年间，会员制休息室的销售额就增加了 100 倍之多。

我感到很充实，并且相信只要努力就会有回报。我暗下决心，总有一天，要让这家酒店成为大家心中的"日本第一酒店"。从前吃过的苦到此为止，打今天起，我要开始追求事业的成功和自我的提升。

让我意想不到的是，梦想的气泡转瞬即破。一天，母亲给我打电话说父亲得了癌症。

已经是社长室室长的我立马辞去工作，回到老家看护亲爱的父亲。就这样，我又回到了守着两个年幼的女儿、经济拮据的日子。

在那之后，父亲似乎得到了上天的眷顾，奇迹发生了。每日微笑着和父亲一起生活，父亲居然连手术都没有做就康复了。你是否也感到难以置信？医生告诉我的时候，我也感到惊讶。但是事实就是如此，癌症不治而愈。

这更让我深刻地感受到了微笑的力量。

至诚的微笑，能够带来奇迹。在这件事的基础上，我创造出了体系化的印象力提升方法——印象力训练，以期给更多的人带去微笑。

没有比实现梦想更令人激动的事

我平时不会去想无法达成的心愿，而总是思考实现梦想是多么快乐的事情。

"如果我能够实现梦想的话，那该有多少人跟我一起开心呀！"这样想的时候，我就会不自觉地激动起来，脸上洋溢起笑容。

笑容是使我实现梦想的动力之一。

当我们嘴角靠上的笑肌肉被刺激时，副交感神经会做出反应，大脑发出 α 波，从而产生面部反馈假设，这就是微笑产生的原理。这种自然反应可以使人感觉"真幸福、很开心、非常感激"，它也可以被当作一种心理疗法。

微笑的作用不仅如此。当人微笑的时候，机体免疫细胞（NK 细胞）就会活跃起来。医学博士们都说，假如 NK 细胞非常活跃，可以赶走癌细胞。总之，微笑能使人的身体更健康、更有活力。

父亲没有经过治疗就战胜了癌症，更让我相信是"面部反馈假设"和"NK 细胞"在起作用。

确诊癌症后，父亲的心情跌落到了谷底。当然，运动不足、身体虚弱也是他沮丧的原因。

但是父亲打起了精神，干起了他的专长之

一——做扫除。不论谁说什么，父亲总是非常认真地、如同机器人一般地做扫除。不仅是家里，就连门前的道路都要打扫。邻居们每每经过，都会夸赞父亲打扫得干净，有的人还会向父亲道谢。就这样，每当有人夸赞父亲，他就会很开心。不知不觉间，癌症神奇地消失了，父亲又变得精神抖擞起来。

那个时候，我相信是上天拯救了父亲。同时，我更加感受到，微笑才是超越自己、实现目标、走向成功的伟大起点和方法。

从那之后，做演讲或者训练的时候，我总会告诉大家："我们并非因为幸福而微笑，而是为了幸福而微笑。"

正是这段经历，使我成为富士电视系列节目《真的假的？！ TV》的印象评论家，也激励我不断做演讲和企业研究，获得与大家交流的机会。

与此同时，我还使用"印象力训练"和"召唤成功"为日本花样游泳代表队（美人鱼日本）做训练，助力他们在奥运会上取得好成绩。

那么，接下来就要开始进行实现梦想的训练了。

实现梦想，就是通过周围人的帮助超越现在的自己这样一个不断重复的过程。我正是抱着这样的信念写下了这本书。

希望阅读本书的您，在心灵和身体的训练下，不仅能给自己，也能给身边的人带来幸福。

请您一定要阅读完本书，让我们一起实现梦想吧！

目　录

第一章

印象力，神奇般地改变人生

第二章

印象力，为瞬间的相遇带来机会

第三章

表情、心灵、外表……0.5秒内就给人好感的人的印象力

第四章

用印象力实现梦想的规则

第一章

印象力，神奇般地改变人生

第 1 步

清晰地描绘出愿景和梦想

我曾给日本很多企业、银行、医院、大学等做印象管理培训，包括一些大型通信技术公司、世界知名的汽车公司、制药公司等。

培训的对象来自各行各业，包括企业家、政治家、教育从业者、公务员、公司职员、家庭主妇、学生、奥运会选手等。我也经常做私人培训，帮助受训者实现梦想，提升印象力。

对于那些为了实现梦想来找我做私人培训的人，我首先会让他们弄明白一个问题：你想要实现的梦想是什么？

追梦成功者的小目标

我所说的"梦想"，泛指"未来想要实现的事情"。无论是宏伟的未来之梦，还是今日、明日、下个月想要实现的事，抑或是明年或者 5 年后、10 年后想要实现的事。只要是现在的你想要向前一步去争取的事，都可以称为梦想。

首先请分享自己的梦想，并展示自己未来的愿景。

一般情况下，得到的答案可以分为以下两大类。

第一类，可以清晰、明确地说出自己的梦想是什么，并且为实现梦想制定了清晰的战略。

第二类，认为梦想仅仅是梦想罢了，无法实现，下意识就放弃了，也无法清晰、准确地说出自己的梦想是什么。

那些可以清晰地说出自己梦想的人，大部分在一定程度上对现状较为满意。他们还会想，如果能够提升印象力的话，就可以实现更大的梦想，所以他们就接受了印象管理培训。这种类型的人，在我给出相应的建议后，总是以"确实是这样呢，那就尽快尝试一下"的态度立即付诸行动。一段时间后，他们就会对我说："托您的福，销售额上升了四倍。"这类培训的效果往往超出了我的预期。

而无法准确说出自己梦想的人，往往是因为"不知道当下和未来该做些什么""再这样下去怕是不行的，讨厌现在的自己，必须要做出改变"这类理由才接受印象管理培训。这种类型的人，在我给他们提出一些建议后，往往会比较矛盾。他们有时候会说"可是……""虽然这么说确实有道理，但是我觉得不太合适吧""这我可办不到"等。让他们接受我的建议，还需要花费一定的时间。

这和驾驶中的刹车抱死，导致车子无法前进是一个道理。这种类型的人，不管经过多长时间，别说是实现梦想了，连维持现状都比较困难。

因此，如果你想实现自己的梦想，或者超越现在的自己，你首先要做的就是树立明确的目标。

树立宏伟远大的目标并不是要雄心勃勃地去实现，而是为了清楚地认识到自己当下应该做什么，把应做之事拆解成一个个小目标，并为之努力。不断实现小目标，再逐渐接近宏伟远大的目标，决不言弃，就可以实现目标（梦想）。

如果以点心来形容实现目标的过程的话，千层饼是最合适不过的了。吃起来美味可口的千层饼，是多次堆叠薄饼和鲜奶酪后做出来的。

我们不仅要着眼可以立即实现的眼前目标，还要瞄准"千层饼"这样的长远目标。小目标带来的成就感一层层加深，就可以实现远大的目标。

最困难的时刻，我坚持的3个目标

说起梦想和目标，可能有人会说："梦想是什么？那不是小孩子的事情吗？"这样的人每日忙于生计，为了养家糊口拼命工作，没有梦想和希望，也认为梦想是无法实现的。

因为我也有丢失工作和收入、一家三口落入穷途末路的境地的经历，所以我非常理解这些人的看法。

但是，我在某个时刻突然领悟到，在这样的逆境中，我更应该欣然接受挑战。我深刻地认识到，只有先实现一个个小目标，才能实现更加远大的目标。

为了实现目标，我们需要时时刻刻自问："我应该如何思考、如何行动？"

现在，如果有人问我的梦想是什么，我的回答一定是"变得幸福"。但以前的我根本没时间审视自己的目标，大概也只能说"没什么梦想"吧。

这种状态下，我将"消除生活的不安"作为自己的目标。"要实现什么样的生活？"我扪心自问。对我来说，没有不安的生活包括三个方面：

① 全家人健健康康；

② 拥有最低限度的稳定收入；

③ 让人微笑。

饱受糖尿病折磨的母亲能够康复，已退休的父亲可以安享晚年，女儿们可以和朋友们愉快玩耍，我自己能拥有稳定的收入。

接下来就是认真思考为了实现这些目标，我需要采取怎样的行动。我将它们拆分成了一个个小目标，然后和家人交流了可以立马做到的事，接着开始了行动。

我做的第一件事是，为了父母过得开心，我搬去和他们一起生活。

我拜托母亲照看孩子、做饭和洗衣服，请父亲去参加老年人补习班。父母也许觉得我在给他们强行安排工作，但他们的精神状态明显比老两口一起生活的时候好得多。

另外，两个女儿当时因为重度过敏性皮炎而意志消沉，很难交到朋友。为了使她们好起来，我带着她们去生态农业园做志愿者。我们在农业园的预制建筑内过夜，由于燥热，孩子们的皮肤更加疼痒难忍。我抱着两个睡不着的女儿，一直等到天亮。

正是因为这样的痛苦经历，两个女儿更能懂得他人的痛苦，也成了善良的孩子。现在，她们两个在校外都结交了很多来自青少年志愿者协会的朋友，最终变得开朗起来。

为了消除生活的不安，我必须要努力工作。所以，领导安排给我的工作，我都不遗余力地去做，工作取得了超过预期的成果。哪怕是谁都可以做的工作，我也是自豪感满满，全身心投入。

不知不觉间，之前的痛苦和烦恼已消失不见。

就这样，我为了一个个小目标努力，没有时间去感慨痛苦。人在痛苦的时候还能够坚持梦想，也许是比较困难的事情。但正是因为痛苦，这种一往无前的精神才显得弥足珍贵。无论什么时候都要怀抱梦想。

请先把梦想拆分为一个个的小目标，再去逐一攻破吧。

在 7 分钟内设定周计划、5 年计划、10 年计划

印象训练的最后，我会让学员们花 7 分钟写一篇小作文，主题是"我想成为这样的人"。然后，我会让他们拿着这篇作文，在广大听众面前大声地

说出自己的梦想。这是"召唤成功"的入口。

7分钟，是我培训了数万人之后得出的时间。

每天都抱有梦想和希望，并且为了实现梦想不断努力的人，会非常自然地把自己的梦想拆分为一个个小目标，很快就可以完成一篇非常好的作文。

如果不是这样的人，他们就会盯着作文纸，写出一些诸如"想成为有钱人""想瘦下来结婚""想成为名人"之类非常简短的文字，就像是小孩子写的东西。

所以，无法描绘出梦想和希望的轮廓的人，不会怀揣着激动的心情，充满干劲地投入未来的生活中。

实现梦想靠的是每一天的小小努力。为了能过得开心，我们需要确定具体的、小的行动目标。

比如：我今天绝对要让至少一个人哈哈大笑，要让公司的同事说一声"你真是帮了大忙"——这些令人激动的小事情都是可以的。

打个比方，你的目标是 1 年减肥 10 公斤。减 10 公斤，乍一想是件非常困难的事情，但如果换一种思考方法，比如一个月减 1 公斤，这样实现的难度就会小一些。再细分到每一天，也就是 33 克，仅仅相当于两勺食物的重量而已。

"如果是每天两勺食物的话，我可以办得到！"

这就是令自己充满斗志的秘诀。按照这种方法，5 个月就可以减掉 5 公斤，周围的人也会注意到你的变化。

周围的人会对你说"你变瘦了呀""身材更好了呀"之类的话，这样一来你的心情也会变得更好，会信心满满、斗志昂扬。也许你会注意到，减肥 10 公斤的年度目标，虽然看起来很难，但要是能拆解成一个个小目标，也许 10 个月就能够完成。

减肥之后，对梳妆打扮也会感兴趣，出去玩也会更加开心，也许还会遇到美好的爱情，人生从此发生翻天覆地的变化。

就像这样，如果我们可以激动地描绘梦想，同时可以为了实现梦想确定具体的小目标，那么可以说，你已经迈出了实现梦想的第一步。

请试着在 7 分钟内写下自己的梦想。然后每天把自己写下的梦想，大声地说出来。

失败的时候更应该燃起斗志

离婚、养育女儿、为了生存再就业，尝尽了人间疾苦的我已经规划好了我 32 岁，甚至 60 岁之后的人生之路。

30 ~ 39 岁：全力锻炼接待客人的技巧，成为专业的空乘人员，获得他人的认同。

40 岁：进入教育行业，将自己的经验融入教育中，形成自己独特的教育方法。

50 岁：成为大学教授，致力于青少年教育。

60 岁：做一名歌手，在日本武道馆开慈善演唱会。

为了实现 30 年后的梦想，我以 10 年为单位确定了小目标，在最近的 10 年目标下，又以 1 年为单位认真考虑该学习什么、去哪里、和谁交流、相信什么，全身心地投入其中。只有这样，才能让我的人生过得丰富多彩。

如前文所述，32 岁至 36 岁，我一边做空姐一边在职业学校兼任讲师。做空姐的时候，为了成为专业的空乘人员，我非常努力，也因此获得了最佳表现奖。

但是我的目标是成为优秀的教育工作者，仅仅做讲师是不行的。没有飞行计划时，我就会把学生请到自己家里，对他们进行特别培训。这样做的成效非常显著，学生的成绩非常好。这件事情传到了一所有名的大学那里，于是这所大学特邀我去做演讲。

后来，在酒店工作的时候，我对顾客说：我想把这座酒店变成日本第一的、具有专业待客水平的酒店，我还要把这样的经验运用起来，把待客之道写成一本讲义。虽然感觉还很遥远，但是我此后做的每一点努力，都是向着梦想前进。

不出所料，实现梦想的路上会有很多挫折。遇到挫折的时候，尽管也会感到现实残忍，可我始终不觉得自己失败了。我会鼓励默默努力的自己："好可怜呀，但是不要紧，你可以的！"如今已40岁出头的我，也算是顺利实现了自己当初的梦想。

想要实现的梦想，一定要认真地描绘出来，然后抱着激动的心情从小的目标开始不断努力。这样的话，实现梦想的方法就会自己现身。所以，关键是怎样坚定地、心无旁骛地实现这些小目标。

那么，让我们鼓起勇气，进入下一步吧！

你没有迷茫的时间哟！

第 2 步

制作实现梦想的宣言

想一想，实现目标的时候，你是下面某种类型的人吗？

① 将梦想藏在心中，默默思索；

② 不断和别人说：我想要实现这个或那个目标；

③ 将梦想晒在博客、推特或者脸书上；

④ 害羞，不会对任何一个人说，但是会一个人喊叫发泄；

⑤ 将梦想写在日记里，偶尔翻开看看；

⑥ 想起梦想的一瞬间，会觉得"果然还是太难了"，想要放弃。

如果是我的话，除了类型⑥，前五个类型都有一点沾边。一般来说，我不会立马放弃想到的事情，而是觉得脑海中突然想起一件事，一定是它和我有着特别的缘分。总之先记下来，再花时间认真思考。先记录在日记里，在合适的时机翻阅和思考。

最近，博客、推特、脸书俨然已经超过日记成为主流。不论是记日记还是在网络社交平台记录，想到的事情一定要记录下来。

我开通博客账户已有 6 年，6 年间不断更新内容。刚开始的时候，博客完全没有人看。为了提高阅读量，我甚至还跟妈妈说："我给你交电话费，请看一下我的博客。"

现在我还偶尔看以前写的东西，看到当时写的"我在努力"，不禁会感到当时的自己真的是非常努力，"哧哧"地笑出声来。现在我关闭了博客，主要在其他网络社交平台上继续发布作品。

如果你看过《真的假的？！TV》的"表情Ranking"，可能会觉得难以置信，认为我并不是那种咄咄逼人的人。相对来说，我更符合"暗自努力做事"这一类型。

我听说，电视上那些把大家逗得捧腹大笑的艺人，私下的时候可能非常安静腼腆。我感觉自己正符合这样的特征。

有些时候，我也会觉得像我这种暗自努力做事的人，别说实现大的梦想，就连把梦想说出口都办不到。因此我决定一点点强迫自己，大声地说出自己的梦想。

我意识到我缺少的不是运气，而是用语言表达出自己梦想的勇气。从那之后，我就默念梦想，每天将梦想说出口。

另外，我本来是容易厌烦的性格。换作从前的我，即使有梦想，也会很快断念。但是32岁的时候，由于经历了人生的低谷，我深刻感受到这样持续下去是万万不可的，这也成了我人生的转机。首先，我决定把"踏踏实实行动"作为自己的准则。人如果被逼到绝境的话，就会迸发出不可思议的力量。

然后，我每天嘟嘟囔囔，像是念咒语一样，不断地对自己说"变成这样多好呀，这就是我的梦想，想要成为这样的人，加油"。

这样持续下去，不知不觉间，我可以在人前谈论自己的梦想，而不觉得害羞。后来，我的人生开始发生变化。

从这件事中，我得出的经验是：能够明确地将梦想说出来，梦想就可以逐一实现。

让别人不自觉地为你应援的说话之道

作为印象管理培训师的我，经常通过录像机观看政治家、运动员的演讲和采访记录。一些政治家的演讲总是完全无法把正确的意思传达给国民，演讲内容不能做成文件，给人留下的印象也不好。不论他们讲的政策有多么好，只要没有当选执政，就是没有意义的。

　　而有些运动员则是微笑得还完全不够啊！运动员应该展现明朗的笑容，成为让大家憧憬的人。如果沉着脸的话，粉丝和赞助也会少呀。每每看到这些情况，我总会叹气摇头。日本人真的是不擅长讲述自己的梦想。

　　请允许我为大家介绍一段让我感动到流泪，至今仍然难以忘记的著名演讲。那就是 2012 年于春季甲子园^①比赛首秀的，来自宫城县石卷工业高中的阿部翔人的宣誓。

　　宣誓运动员是抽签决定的。石卷市是东日本大地震引发海啸的重灾区之一，能抽中当地的高中，可以说是上天的安排了，仿佛是上天想要给人们传

――――――――――

　　① 甲子园是日本高中棒球联赛的俗称，全称为"全国高等学校野球选手权大会"。

达一些信息。阿部的宣誓，更是精彩至极，令人万分感动。

宣誓

东日本大地震过去一年了，日本仍在恢复的过程中。

受灾民众里的很多人，内心痛苦至极，至今仍然未调整过来。

直到今日，许多人依然无法忘记当时的情景和逝去的人，每天痛苦地活着。

但是，人不可能承受看不到头的痛苦。

如果日本能够战胜苦难，我相信，不远的将来一定还有好运在等待着我们。

所以，我想将感动、勇气、微笑传递到日本的每一个地方。

请见证日本的潜力和羁绊。

我们石卷市高中的球手们，将全力以赴至最后一刻。

在此，我深切地感谢棒球给大家带来的东西。

我宣誓，我们会堂堂正正地竞赛。

平成二十四年三月二十一日

选手代表 宫城县石卷工业高中

棒球部主将 阿部翔人

选手宣誓，既是宣言也是盟誓。

这就像把梦想说出来一样。小学生把梦想写进毕业文集里，大人把梦想和目标表达出来，二者是一样的道理。没有人会瞧不起认真说出自己梦想的人。认真说出自己的梦想，就会有人认真地应援你。

如果真的有人瞧不起你，那请一定不要在意。

那些想要应援你的人，一定远多于瞧不起你的人。

相信你也从这个宣誓中获得了"我也应该做点什么""可以做到的事情，那就不应该放弃"这样的能量吧。相信你也会觉得："至少应该应援一下参加比赛的选手们。""甲子园参赛的选手们，加油！"

完全被征服的我，2012年和2013年去见了石卷工业高中的参赛选手们，并且给他们做了"召唤成功"的演讲。

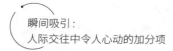
第 3 步

就是它！这样的瞬间，正是
实现梦想的开端

想要做什么新尝试时，我总是会有好的或者坏的直觉："啊，这是什么感觉？好像是可以做到的感觉！""感觉有点烦，现在就应该动手做起来……"

这就是所谓的"第六感"。我非常珍惜这种感觉。

第六感也就是"直觉"，和"直觉敏锐""凭直觉""直觉起作用"里的"直觉"是一个意思。有些人也会用"魂魄""灵魂""精神"来形容第六感。第六感不是我们通过眼睛、耳朵、鼻子、舌头、皮肤得到的感受，而是在此之外得到的感受。

我曾经遇到过这样一件事。

"让我们一起共事好吗？"一天，我收到了一家著名上市公司的邀约。这是一家面向银发族开展业务的公司。社长相貌端庄，非常聪明，一副精英的模样。公司租了东京都内核心区的一整层楼，办公室装饰得非常气派。在这里工作，应该让人感觉非常安心。

但是，在这家公司里，不知为何，我感到非常烦闷，无法平静下来，甚至感到厌烦。

完全找不到拒绝这份工作的理由，但我还是勉强找了个借口拒绝了。没过多久，我被一则网络新闻吓了一跳。这家公司的经营情况急转直下，因为财务造假被强制退市。

这可能就是第六感看到了"某种东西"，然后传达给了我。

实际上，小时候总会发生这样的事情。出现第六感的时候，我总是感觉这一定是先祖和上天保佑，感激涕零。第六感有时候会勉励我"加油，即使很痛苦也要努力，会为你应援的"或者警诫我"那是陷阱，快停下来"，及时拉住我。

自从相信第六感后，我就能心平气和地应对各种问题了，工作和人际关系也在不知不觉间变得顺畅了起来。我觉得生命中遇到的一切都有意义。渐渐地，我的不平、不满也都消失不见了。

第六感是将五感发挥到极致之后才会出现的，

它就像是所有的感觉汇聚成的"和谐之曲"。

大家也许有"啊，这是什么感觉？！怎么说呢，我感觉自己似乎可以做到"的时候。请大家一定要试着去理解，这是出现行动机会的信号。不论在什么地方，在什么时间，为了感受到这样的信号，请一定昂首看看天空，向着自己的梦想伸出接收信号的天线。

竖起天线，频率一致，才是美好相遇的关键

天线，到底是什么样的呢？

那是为了实现梦想的"努力的天线"。

竖起天线的种类不同，接收到的信息也不一样，这是理所当然的事情。就像是听收音机，要将波段

调整至自己喜欢听的节目。同样的道理，努力的天线，也是需要调节的。

大约 15 年前，在做家庭主妇的时候，我的天线是"料理、裁缝、洗衣服、打扫卫生、养育女儿"。我总会烹制便宜美味的料理，将孩子们的衣服翻新得更加可爱，学习简单的整理技巧。我对于宣传这些内容的广告牌格外敏感，也经常和邻居的主妇朋友们一起尝试新东西。

最近，我的天线是"印象"相关的知识，以及一些流行事物。我以前对逛街完全不感兴趣，现在有时间也可以逛一逛街了。除此之外，我还向脑科学、印象行动学、心理学、哲学、宗教学等和人的身心相关的学科竖起了天线。在以前的我看来，对这么多事情感兴趣，简直是无法想象的事情。我也算是竖起努力的天线了。

　　还有，我还读起了以前从未涉猎过的领域的书籍，也开始用互联网检索信息。除此之外，我也会看爱情类的音乐剧，分析戏剧人物的表情和表演技巧，就像是打开了新世界的大门。

　　竖起努力的天线，不自觉间结交的朋友也会给你的生活带来变化。除了主妇朋友和茶友，我的生活中多了志愿者、商务人士以及教育工作者和大学生。我接触到了从前没有接触过的朋友，进入了自己从未踏足的环境。新的场所有新的相遇，自己的见闻也不断地增长。

　　这并不意味着与之前的朋友们合不来了，仅仅是"天线变了"而已。

　　并且，这个天线非常优秀，不仅可以接收信息，还可以发出信息。

　　只要能竖起强大的天线，很多人都可以感受到你发出的信息。如果你想要给很多人发出很多信息和知识，那么最重要的是，让自己竖起的天线更加引人注目、更加精细。

梦想宣言的另一大效果

我在做企业研修或者在大学讲课的时候，总会感慨："日本真是一个优秀的国家呀！"

相较于只要自己幸福就可以的人，更多人还是想要帮助别人，想要成为别人感谢的对象，想做可以让别人开心的工作。

所以只要向着梦想认真地竖起努力的天线，就会有越来越多的人想要应援你、支持你，帮助你做些什么。

一个人实现梦想，也许很难。但如果你的梦想能成为很多人的梦想，实现它就会变得简单得多。

"我对××××感兴趣！"

"我喜欢××××！"

"我有一个梦想，想成为××××！"

那么，现在就拿出勇气，将藏在心底的想法化作努力的天线，端端正正地竖立起来，让更多人注意到。

也许你实现梦想所需要的人，也会因为这样的相遇而实现梦想。

在越多的人面前说出的梦想，越容易实现

不论遇到什么事情，总会有人产生消极的想法：

"如果交到了新朋友，老朋友们会怎么议论我呢？"

"假如别人觉得我太得意忘形，我会不会很难堪？"

……

但是如果直接询问他们："有人刁难你吗？"这些人总是会说："没有，但是如果别人这么想我的话，我会很令他们讨厌，还是维持现状比较好。"遇到这样的情况，我们应该如何应对呢？

朋友没有找自己帮忙，或者自己明明什么都没有做，却对别人产生了阻碍，束缚住了朋友前进的脚步，在朋友的想象中，你会不会成了这样阻碍别人实现梦想的、令人讨厌的人？

如果是我的话，知道有朋友在背地里说我的坏话，胡言乱语，我也会受到很大的伤害。

实际上，我在每次企业研修中，都会设置"召唤成功"这一环节。这个时候，我会对所有与会者说："有没有人想要在大家面前，把自己的梦想充满激情地讲出来？在座的每一个人，也许都会为你加油打气、支持你。"

将梦想填写到表格里，然后将所写内容在所有人面前讲出来。这看起来是不是很简单？但是，即使是会场有 100 人甚至 200 人，也几乎没有人能够自信满满地举手说，我要说出自己的梦想。凡是举手的人，90% 都是职位比较高的人、事业处在上升期的人或者相貌比较好的人。

桌子上放着很多填写完的"召唤成功"表格，大概填了很多非常美好的梦想吧，可惜没有人能知道了。

当我鼓励那些不举手发言的人"可以发表一下

吗？你写的是非常好的梦想呀"时，这些人就会消极地说"不了不了，我比较害羞"，或者"我是不会发表出来的，如果被别人认为只会耍耍嘴皮子，那我就会失去信用，被当作只说不做的人，我讨厌这样。只有等到梦想实现了，才能说出来……"

被瞧不起？失去信用？被别人讨厌？仅仅是说出自己的梦想，会发生这样的事吗？如果真有地方出现这样的事情，那我还是劝你及早从那里脱身。

实际上，很多人不是没有说出梦想的勇气、实现梦想的自信，而是自己看轻自己、多思多虑了。

真的仅仅是因为你没有引起别人注意的勇气吗？

明明是自己做了不好的事情，失去了周围人的信任，反倒成了周围人的错吗？

如果确实是那样的话，现在开始补救也许还来得及。请务必从今天开始做出改变。

没有自信，也许是有被害妄想，给自己强加了很多原本并不存在的东西。如果你能够认真地关注自己，努力向前，就可以让自己成为值得信任、靠得住的人。

当你想要做什么事情的时候，可能周围的某些人确实无意间说了一些话，但你要知道这些人并不是要打击你、挫败你，也许仅仅是你自己的"玻璃心"，让你成为担惊受怕的人而已。

周围的人也许已经注意到了，你是一个有着"玻璃心"的人。

唯有勇往直前的决心才能激起斗志

你如果能够和周围的人侃侃而谈自己的梦想，

就会慢慢地发现，你的梦想已不只是你个人的梦想，而是在不知不觉间变成了大家的梦想。

梦想仅仅是一个人的，你也许随随便便就放弃了，甚至觉得自己的梦想算不上梦想。

但是如果大家都知道你的梦想的话，可能每经过一段时间，大家都会问你：梦想完成得怎么样了呀？现在做了什么努力呀？现在的努力程度可是不够呢！

当你迷茫、苦恼、举步维艰的时候，朋友们拉你一把，或许能拽着你向前。我们应该多多结交这样的朋友。

这和公司的股价是同样的道理。公司股价上涨的时候，股东们会称赞公司"做得好、干得不错"。在这种状况下，公司的发展会更有势头，职员们也会士气高涨，自豪感满满。但是股价下跌的话，股东们都会质问公司"怎么回事，干什么呢？鼓起干劲，现在可不是休息的时候，快努力工作"。这个时候，职员们也许会感觉到焦虑、痛苦，但是绝不能做逃兵，只有放手一搏，才能挽回局面。

在我所授课的大学，我曾对学生们说过下面的话：

有些父母会对自己的孩子说："强迫你做不想做的工作，那样的公司绝不适合你。""如果没有找到合适的工作，也可以先回老家，哪怕只是帮忙做些家务也行。"

然而在很多学生身上，我完全没有感受到"必须要找到工作，否则明年就无法生活了"这样的紧张感。很多人为工作付出的努力甚至没有达到我努力程度的60%。

也有一些学生认为："家里经济状况不好，我必须要找到工作，不能再让父母操心劳累了。"这些学生精气神十足，态度也非常认真诚恳。公司招聘的时候，非常喜欢这样态度坚定的学生吧。这种类型的学生，很多时候直接就被自己心仪的公司内定了。

一个人一旦留有退路，就会不自觉地想要放弃。这样一来就有可能离自己的梦想越来越远。

不断和周围的人交流自己的梦想，这会斩断你在现实中的一切退路。与此同时，这也是在斩断你内心的退路。

相信自己，绝不言弃，与内心的软弱战斗到底。

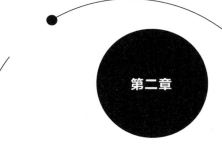

第二章

印象力，为瞬间的相遇带来机会

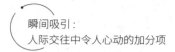
第 4 步

只有自信的人才能获得别人的信任

你是否偶尔会有这样的困惑：适合我的地方究竟在哪里？

或许你现在还无法适应新环境，为此感到非常痛苦。如果你有这样的感觉，请想一想，你有没有为了找到适合自己的、值得炫耀的领地每天不懈奋斗呢？

　　我所说的不是三分钟热度的奋斗，而是每一天、每一刻都在坚持的奋斗。这一点非常重要。

　　即使是一条狗，也会为了确保自己的势力范围（也就是自己的领地），每天在自己的势力范围内巡视，做气味标记。它们可不会想着"今天下雨了，可以停下来休息一下了"。

　　势力范围，也就是最值得你炫耀的领域，是可以让你放松下来的地方。如果你能够深刻地认识到这一点的话，你就会明白，即使停下来一天也是不可以的，那会让你丢掉自己的领地。

　　其他和你关系要好的"铁哥们儿"会帮你用气味标记吗？当然不会。自己的领地只有自己来捍卫。

　　只有创造出了属于自己的领地，才能获得别人的信赖，结交到优秀的朋友。也只有如此，你才能悠闲地在自己领地内散步。所以，让我们先创造出可以使自己保持自信的、属于自己的领域，从而获得别人的信赖吧！

你会以什么样的着装参加客户的宴会

举个例子，假如你已经在一家公司工作了 3 年。客户的公司将要迎来成立 30 周年纪念日，因此要在豪华酒店举办一场盛大的庆典。而你将要代替忙碌的前辈，作为公司代表在下班后出席此次庆典。

这种时候，下面 3 种着装方式，你将会选择哪一种呢？

① 因为是下班后，所以就穿着工作服吧，和平

时一模一样；

② 服装就穿工作服，但是收拾一下发型；

③ 为了给客户以良好的印象，认真地换上与
30 周年庆典相符合的庄重的服装。

如果是我的话，肯定会选择③——认真地换上
庄重的服装。选择①和②的人，可能心里会想：
不能太出风头了。但是我们换庄重的衣服并不是
为了出风头，而是为了让客户感到与庆典相符合
的庄重感。

如果参加庆典的人能抱着和主办方同样的庄重
的心情迎接 30 周年庆典的话，那么他就会非常自
然地和主办方心意相通，在庆典上也会更加轻松
愉快。

我会在庆典开始的几天前思考自己的着装："我

该穿什么好呢？"有时候会因为要参加庆典激动不已，有时候也会觉得很麻烦……主办方的心情想必也是同样的：举办庆典虽然是件非常开心的事情，但是要说不辛苦肯定是假的。不过既然已经决定要举办庆典，那就要不辞辛苦地去筹办了。我认真考虑着装的想法和主办方举办庆典的想法是一样的。同样，结婚典礼等小型庆典，情况也是类似的。

对于主办方来说，收到身着工作服或者便服的客人的祝福，固然是非常值得高兴的事。但是，当他们收到衣着光鲜得体、时髦靓丽的客人的祝福时，心情想必会更加愉悦。即便是下班后的晚宴，相较于随便、无所谓的着装，认真准备着装能够展现你对主办方的尊重，同时也可以展示你的良好形象。

如果你可以让主办方感到喜悦的话，自然而然地，身处宴会中的你也会感觉更加轻松、舒服。如果你能够在宴会中营造出郑重的氛围感，不知不觉中，你也会成为给宴会增光添彩的重要人物之一。

如果你坚信自己就是重要的人物，你就会变得更加自信。

自信的人，举止谈吐也会变得庄重起来。

庄重的人，自然会有光环加持。

如果你自带光环，那就可以改变会场的气氛。

0.5 秒可以传递真心？

当然，仅仅靠时髦的衣服或整齐的发型是无法抓住别人的心的。有时候，别人可能会认为这个人衣着这么华丽或举止这么庄重，肯定是孤高、难以接近的，反而会与这个人保持距离，效果适得其反。

想要获得别人的信任，最重要的是真心。

在见面的一瞬间就让对方感受到自己的真心，确实是非常困难的事。一般来说，如果没有长时间的交往，很难了解对方到底是一个什么样的人。

所以，在和人相遇的 0.5 秒间，就展示出"我是个不错的人哟"，让对方对你感兴趣，这样才能获得进一步交流的机会。

为什么必须是 0.5 秒呢？因为我们和别人见面时，大脑会在 0.5 秒间迅速形成对方的印象，是喜欢还是讨厌，是合得来还是无法交流。

之前，有一位 50 多岁的男性来参加我的私人培训。

东日本大地震后，他辞去了工作，回到了妻子的故乡。为了帮助当地的受灾者，他做起了志愿者。地震后，灾区很多房屋倒塌，瓦砾和尘土遍地。他一家挨着一家地走访和慰问受灾的老人。

我称赞他："你能探访老人家，真是做了件大好事。"

他有点不好意思地对我说："哪里哪里，我倒是没做什么。不过总有人不太相信我……"这位男士表示，可能是长相的原因，他总是无法传达出自己的真实情感。的确，他一脸凶相，一般人看不出他的内心如此温柔。

为了改善他的形象，我给他做了印象力培训。

他的嘴角偏下，为了让嘴角上扬2厘米，我让他给脸部做按摩，放松面部肌肉。同时，为了使他的眼睛像月亮那样有神，也教他锻炼眼轮匝肌。

然后，为了让他的说话方式和发音更好听，我让他做了"嘟嘟训练"（请参考第四章）。我们不断地练习，目标是在1分钟的演讲内始终保持微笑。

　　猜一猜训练效果怎么样？两个月后，在进行第二轮训练的时候，他已经变得精气神十足，口齿也变得伶俐。就像他本人说的，除了他看上去变化很大，他所处的环境也发生了变化。

　　之前总是被说成"多余的人"，连志愿者申请都被拒绝的他，现在去探访老人时，老人都非常开心地迎接他。变化并不仅是这些，他还成了支援灾区复兴的非营利性机构的法人，同时也被选为日本区代表，赴美国和加拿大调查当地海岸的瓦砾。

　　令我本人也非常开心的是，他还征求我的意见，要把我首次创作的复兴支援曲 *Missin.You* 和 *J.NAMIDA* 作为他所在的复兴支援团的团曲。在做慈善活动的时候，他们总会播放我的这两首歌，也算是让我的歌曲为复兴支援尽了绵薄之力。对此，我的感激之情无以言表。

这也帮助我实现了自己的梦想。影视曲 *Missin.You*，现在被第一兴商的 DAM 收录为卡拉 OK 曲目。同时，我也受邀参加日本音乐版权协会（JASRAC）的东日本大地震复兴支援项目——心灵之音计划，非常荣幸地捐赠了我的歌曲。

梦想，有时候并非你一个人的私密的梦想。如果你能够将自己的梦想发展成为大家的梦想的话，那梦想实现起来也会相对容易。我非常感激这段美好的缘分。

请大家一定要下定决心，保持微笑。与别人刚见面的时候，即使是"礼貌性的微笑"也没关系，但一定要保持下来。

礼貌性的微笑，就像是"真正的微笑的种子"。

如果坚持下去，一定可以迎来真正的微笑之花盛开之日。

第 5 步

相互帮助才是良好的人际关系构筑法

以购物为例，有时候我们看到某样商品就会想到，"这个东西适合 × × 呀，如果买下来作为礼物送给他的话，他一定会很喜欢吧"。当然，也许有的时候，你想送礼物的人不怎么喜欢你，但是也无所谓。有些时候，别人也许会想着给你送礼物，你也会成为幸运儿。

但是，当你看到在小酒馆里喝得烂醉的人时，是否会想"啊，这不是之前见过的那个家伙吗？太过分了，真的是太不像话了"，甚至会有人把这样的人赶走。这当然是令人悲伤的事情。细细一想，也许将来的某个时候，你也会遭遇同样的事情，你是否会瞬间感到恐惧？

如果你想要实现梦想，那就需要像上面那样，做一个即使不在场，也能够让别人想起来、让别人谈论和关注、让别人想要为你做点什么的人。

我全年都穿白色的原因

说起实现梦想，你可能会觉得，梦想的实现仿佛是一蹴而就的。但是，在已经实现了梦想的人看来，实现梦想的秘诀是，一点一点地努力，不断地积累。我很喜欢的一位棒球选手，曾说过同样的话：实现梦想的一个关键要素，就是构筑人际关系。为什么这么说呢？因为无论是多么微小的梦想，仅靠自己一个人的力量是无法实现的。

棒球比赛，需要 18 名选手才能进行，只有一名棒球选手是无论如何也不能组织起来比赛的。而且对于选手来说，如果得不到观众的认同，他们也就无法被称作优秀的选手。

如果你想要实现梦想的话，首先要重视身边的朋友，同时慢慢试着让他们重视自己。只有这样，你才会成为他们可以记住的人。

但是，怎样才能成为可以让身边的人记住的人呢？

实际上，方法非常简单。那就是将自己的印象设定为"我＝××××"。

以我自己来说，2012 年的时候，我决定用白色包装自己。从那之后，无论是登上荧屏，还是做企业研修和演讲，抑或是接受杂志或者网上采访，我都一直穿着白色的套装或者连衣裙。

这就是我所决定执行的印象改革的一个方面。

2011 年末的时候，我在心里暗暗地决定将2012 年作为微笑元年。

随后，我写了很多"微笑元年"的新年贺卡送给了朋友们。同时，为了让朋友们更加容易地理解我，每次见到朋友们我都会保持微笑状态，以便让大家感受到我坚定不移的信念。就这样，我开始了我的"白色 Fashion"计划。

2011 年末之前，我的衣柜里都是一些花花绿绿的洋装，衣柜就像是色彩收藏柜。2011 年末之后，

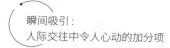
我把所有花花绿绿的衣服都换成了白色的衣服。

虽然是非常普通、单纯的行为，但是大家对我的变化的反应却让我非常惊讶。

有些朋友会问我："你最近穿的都是白色的衣服呀，是有什么代表意义吗？"

但是过了2022年春天，有的朋友对我说："我在××看到有模特穿着和心美有姬老师穿的非常相似的连衣裙，我可要仔细学习一下了。"

也有的朋友对我说："你穿白色的衣服，如果沾上污渍的话，会比较显眼。喏，把我的盖毯借给你。"

还有一些有一段时间没见面的朋友，打电话对我说："前两天我在街上看到有穿着白色套装的女性，走起路来精神抖擞，精神头儿十足，一下就想起你了。你最近一切都好吧？"朋友们对我的变化反应真的是很大。

朋友们即便没有和我在一起，仅仅是看到白色的衣服，或者好看的盖毯，就会想到我。对我来说，这简直是再高兴不过的事情了。

在朋友们的脑海中，已经印上了"白色＝心美有姬"的深刻烙印，看到白色就会想起我。

帮助他人实现梦想的幸福

总之，最重要的是，要在别人的脑海中形成"××＝你"这样的印象，在别人看到××的时候，能够想起你，和周围的人谈论你。当然，"××"是能够代表自己梦想的关键词。

慢慢地，你就会发现，即使一些场合你并没有到场，但是别人也会谈论你和你的梦想。这就告诉我们，印象的改变，要从日常的小事开始。

假如，你的梦想是三年后能够独立生活，你可以不断地跟身边的朋友们这样说："为了三年后的梦想，我一定要努力工作，攒够 150 万日元。从现在开始，我要勤俭节约，杜绝浪费。"周围的朋友们听到你这样说之后，就会对你产生"独立生活 = 你"这样的印象。他们也许会应援般大声地说出你的梦想。你的信息，就会出现在他们脑海中的"应援箱"里。

如果朋友听到有人搬家了，或者要结婚了，需要更换家用电器，他们很快跑去问人家："如果可以的话，是否可以将旧电器转让给我？因为我有一个朋友需要。"这样的人际关系是不是非常令人羡慕？听你诉说梦想的朋友也许就是你的支持者。

得到电器的你惊喜万分；你的朋友因为帮到了

你也非常开心；那些把电器送给你的人，会因为避免了处理大件垃圾，并且帮助到了别人而高兴。他们遇到了善良的人，更是加倍高兴。这样一来，没有一个人受伤或者有损失。与这一事件相关的所有人都收获了喜悦。

我们要成为即使不在别人的身边也可以让别人想起来的人，成为别人愿意帮助的人。这种无形的力量是巨大的。

当然，同样重要的是，你也要成为努力去帮助别人的人。

人与人的相处，就像是"对镜自照"。如果你觉得镜子里的人很麻烦的话，镜子里的人也会觉得你麻烦。如果你珍惜镜子里的人，镜子里的人自然也会珍惜你。

我们要珍惜别人，为了他人的幸福，积极主动地帮助别人，与他们沟通交流。

对自己的成长帮助最多的人是谁？

在你实现梦想的过程中，一定存在某些关键人物。在你的周围，是否存在以下类型的人？

① 善于理解别人的伙伴；

② 把别人的事情当作自己的事情的热血应援者，或者是狂热的粉丝；

③ 刺激自己的竞争对手；

④ 不允许自己出错的严厉的指导者。

需要强调的是，③和④这两种类型的人，将会成为你实现梦想和目标的助推者。

如果你的身边有这样的人，你可能就不会终日糊里糊涂或优哉游哉了。也就是说，他们会推动你向着自己的目标和梦想不断前进。

请你回想一下，你所在的社团认真地准备省级或者全国级别比赛的经历。也许这些经历比较久远，但还是请你认真地回想一下。

怎么样？让当时的自己和所有人兴奋的，是不是严厉的教练、总是唠叨个不停的顾问，以及"如果对手不是那支队伍的话，自己也不会取得这样的好成绩"的实力强劲的对手？

让自己成长最多、最快的人，恰恰是那些值得信任的人。但是，他们在身边就会给自己无形的压力，让自己不敢泄气，无法敷衍了事。如果自己不努力的话，就无法追上他们的脚步。也许你偶尔会和这样的人吵架、起冲突，但这没有关系。因为看重彼此的话，这样的事情是免不了的。这正是双方关系良好的证明。"心地善良的人"和"能够帮助你实现梦想的人"之间是有区别的。

你现在所在的地方环境是怎么样的呢？比起心地善良、在一起感觉很轻松的人，那些虽然对自己要求非常严格，但你非常信任的人，才是能够帮助你实现梦想的人。

意想不到的好主意

在帮助你实现梦想的关键人物中，理想伙伴才是最重要的那一个。

实现梦想的理想伙伴，我认为所指的不仅是理解、宽容你的人，而且是那些拥有你所缺少的能力的人。就像表与里，手动模拟和电子信号、外向和内向、行动派和理论派、呆瓜和幽默者……是互为补充的。

比如，平时我的工作就是"心美有姬的印象力训练"。

实际上，我自己一个人可做不了这样的训练。这就和举办制作音乐会、音乐戏剧、声乐演唱、电影是一个道理，仅靠一个人的力量是无法完成的。正是有了音响师和灯光师等团队多人的共同努力，我们才能欣赏到一场让人感动至深的演出。

实际上，6年前，我在做印象力训练的时候，演讲风格非常普通。只是简单地在墙上挂一块白板，贴上一张模造纸，声音洪亮地做演讲。

那时，我的梦想就是：让日本成为有影响力的国家、微笑国家。我甚至还为这个梦想感到非常害羞，无法对别人说出来，感觉非常郁闷。

让我一下子打开心扉的，是一直在背后支持我做印象力训练的演讲家石神诚久先生。

每次做训练的时候，他都会带着很大的音响器材（三只非常大的箱子），提前设置好投影仪和耳机，根据训练的主题在适当的时间播放背景音乐和影像，带动会场的氛围。因此，无论是在什么样的会场，我都可以自由地走动，给大家带来一场酣畅淋漓的研修。

在研修中，石神先生也总是让雇用的摄影师拍摄充分展示培训效果的视频和照片，当场用投影仪播放出来。他总是默默地、不辞辛苦地忙来忙去，有时候累得满头大汗。

在研修结束的时候，他总是会夸赞我："这次的演讲非常完美，这样令人愉快的、效果显著的演讲我还是第一次见到。你也辛苦了，我听得热血澎湃。"做研修时，在我开心到几乎得意忘形的时候，他总是在机器的后面摆出现在高兴还太早的表情提醒我，给我敲警钟。

他总是鼓励和称赞我："这次不错啊。"或者说："本次的印象力训练，令我非常感动。我的工作就是在幕后支持你，而不是要站到人前接受别人的赞扬。现在这样子已经令我非常开心了。"

石神先生真的是非常厉害的人物，在此衷心地谢谢他。

是的，那些拥有自己所欠缺的能力的人，才能填补自己的不足之处，他们是能够带来奇迹的关键人物，是能够拓宽自己的兴趣，提高自己的能力，以及让自己的世界观开阔起来的人，才是第一次见面就可以成为好朋友的"互补之人"。

这样的人，会在你意想不到的时候为你提出意想不到的好建议，帮助你提高自己的魅力。

只要你认真、虔诚地寻找，一定会找到这样的互补之人。

在偌大的世界中，让我们去找寻这样的人吧！

是不是仅仅抱着这样的想法，就会有一种浪漫的感觉而激动不已呢？

让我们再次回想一遍，你的身边是否有热情地应援你的理想的伙伴、支持者、前辈、理解者、指导者？是否有可以让你敞开心扉、值得信任的人呢？

第 6 步

第一印象巨变

与人相遇、相识，交流是帮助你实现梦想的重要手段。

你可能会有疑问：那么，对自己重要的人，会在什么时间、什么地点出现呢？我也常有这样的疑问，所以非常理解大家的想法。

但是，这个问题的答案却非常简单——重要人物往往会在意想不到的地方现身。

你平时常去的超市，计划和朋友一起游玩的迪士尼乐园，虽然很麻烦但还是要就赔偿事项去拜访的客户公司……重要的人或许就在这样的地方出现了。

超市里，可以遇到收银员。

在迪士尼乐园，可以遇到表演节目的演员。在队伍后面客串的嘉宾，也有可能是你的命中注定之人。

赔偿交涉，去客户的公司赔礼道歉，也有可能发现客户的公司非常不错，跳槽过去……

任何地方都有相遇。

但是，大多数时候，我们和他人的相遇仅一瞬间就结束了。这一瞬间的相遇，是否可以带来完美的效果，则在于自己日常的准备和自身的印象。这一点，还请牢记在心里。

0.5 秒决定印象

一定会有人觉得靠瞬间的印象决定对方的好坏，是不是太忽略对方的能力和思考力了？而且能力什么的，在相遇的瞬间也无法看出来呀！但是，事实确实如我所说的，我们在和他人相遇的 0.5 秒之间，就会对这个人做出判断。我们的大脑会在瞬间对他人做出喜欢还是讨厌、能力强弱、是否合得来的判断。

所以，我们会在与他人相遇的瞬间，判断相遇之人对自己的梦想和人生是否有帮助。这个判断是在你完全无意识的瞬间做出的。你是不是感觉到这个世界很恐怖？可是现实就是非常残酷的，印象本身可以说就是比较恐怖的东西。

以前，我遇见过这样的事情：

有一位从东京大学毕业、在某大学担任教授的精英，曾经找我来做印象力培训。我是在一个小地方做学习会的时候遇到他的。虽然有点失礼，但是当时对他的印象大概就是：为什么这么一个看起来傻乎乎的人，能娶到如此漂亮的老婆？

学习会的就餐环节结束之后，会议主办方的医生提议去另外一个地方继续进行二次会①，就这样一直吃喝到深夜。

我开始和我觉得傻乎乎的教授交谈，这才发现他不仅性格好，而且非常有能力。他简直就是典型的因为第一印象吃亏的人。

自从我知道他是什么样的人后，就建议他做印象力训练，改变他在别人眼中的印象。

---

① 日本经常会在（正式的）宴会结束后更换场地再次举行宴会。

　　我向他提议："先生，改变一下自己给别人的印象吧，现在这样的印象会给您带来损失的。"他欣然同意，于是我立即给他做了培训。

　　一个月后再次和他见面，他看起来已经自信满满，脸上时常带着柔和的微笑。

　　他对我说："自从接受了培训，大学里一起共事的女性见到我都会和我打招呼，问我是不是有什么好事发生。她们说感到我的身边仿佛有温柔的风吹过。和老友见面时，他们也会感慨我变化不小，看起来更加年轻了，很是让他们羡慕。"

　　"我的人生发生了巨大的变化，不知道自己以前为什么总是抱怨来抱怨去，现在也不会这样做了。实际上，我也有一个很大的梦想……"

　　就像这样，他现在每天过得都很开心。

　　过了很久，当我再次和他见面的时候，他看起来更加年轻了，给人的感觉就像是清爽的少年，和他交谈的时候感觉他的身边仿佛有温柔的风吹过。

这样的改变，每个人都可以办得到。我所说的不是要改变内心、思考方式、性格，仅仅是简单地、真诚地接受客观的自己，让周围的人注意到自己有在努力地改变自己的面貌、给他人的印象。坚持下来，你也可以在一瞬间展现出更好的自己，赢得别人的好感。

另外，我曾经供职于亚细亚大学，为那些想要成为空姐的学生授课。

空姐在飞机舱内走动和提供服务的瞬间，客户也会在心里打分。在进行空姐招聘面试的时候，当面试者打开门说"打扰了"的一瞬间，面试官如果没有产生"想要这个面试者在飞机上为我提供服务，想让这个面试者做这份工作"这样的感觉的话，面试者就已经失去受聘的机会了。

2012年从"心美有姬课堂"走出来，被全日空（ANA）内定为空姐的女生，和2013年被日本航空内定的女生，都会在每年夏天的定例研修中，每日进行特别训练，专攻"打扰了"这0.5秒。练习的时候，她们总是练到汗流不止才肯罢休。

紧紧凭靠"打扰了"这一句话，就判断面试者是否适合做空姐，你是不是感觉很无聊？但是即便是别人乍一看来觉得无聊至极的事情，为了实现自己的梦想，也必须在必要的地方拼命训练，把它真正变成自己的东西，这一点非常重要。

誓要实现梦想的信念，一瞬也不可放松，这是我每年进行学生指导时都要强调的。那些信念坚定、心无旁骛地追求自己梦想的学生，总是可以获得令他们满意的结果。

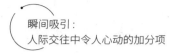

带来美好表情的肌肉放松法

将小指放在眉毛下面的凹陷处，将眉毛和前额向上提。

无名指放到前额的上方，中指、食指和拇指按住头盖骨，持续 30 秒。

※ 嘴角上扬，睁大眼睛。有意识地使脸颊往上提。

※ 即使不做肌肉放松按摩的时候，也要有意识地维持这个表情。

当然，大学四年并不代表人生就定型了，也未必要以成为空姐为职业目标。其他的职业，比如可以让人感到幸福、快乐的艺人，是否也是很不错的选择？这样的生活也是非常令人羡慕的吧，我就非常喜欢这样的生活方式。

　　不论选择什么样的生活方式，最重要的是不欺骗自己的内心。遵循自己的本心，保持旺盛的求知欲。当你的生活方式转变之后，与人相遇瞬间的眼神也会发生变化。这样的眼神可以让你更加有魅力，帮助你实现梦想。

　　"初次与人见面时，应该看对方的哪里呢？"某家大型药企做了这么一项调查，其中90%的受调查者认为应该首先注视对方的眼睛。因为眼睛就像嘴巴一样重要，是心灵的窗口。可见，眼神拥有改变人生的巨大力量。

眼 "力" 训练①

1. 拇指和食指夹住眉头，手指左右滑动给眉毛做按摩。

2. 拇指和食指提起眉头，使眼睛睁大，保持 10 秒。

3. 按照图中的顺序，重复以上 1、2 的动作。

初次见面不能让人失望

东日本大地震后，我被允许在石卷市自由通行，没有时间上的限制。这是因为佐藤香织（一名非常可爱的女生）请我去做培训，让我给灾区带去微笑。

当时我对很多女生说："为了给大家带来欢笑，咱们一定要打扮得漂漂亮亮的。"刚开始的时候，有些女生还对我说："这么悲痛的时候还化什么妆？""还打扮什么呀？"我对她们说："这是由工作性质决定的，至少要看起来有精神，打扮好看去迎接面试（笑）。"

这样一来，许多害怕到不敢出门的孩子也可以去学校上课了，他们纷纷表示自己也要像妈妈那样微笑，努力去面对。

一些女性还表示："化了妆、穿着粉色的运动

衫去受灾的公司做扫除，木匠们看到我这样子，还好心地帮我重建了房子。"

化妆、发型真的能改变女性的人生

女性朋友们只要在自己的发型等时尚方面多下一点功夫的话，就可以吸引别人的目光。换句话说，为了让你和他人的交流更加顺畅，你要在发型等时尚方面有意识地提高自己。这可以提高你和他人的沟通能力。自然地，你也能够成为被社会和他人需要的人。特别是当你遇到困难的时候，为了得到别人的注意和信赖，获得工作，更加应该注重自己的仪容仪表。

你出门前，会站在大镜子前，仔细检查衣服、妆容、发型、体态……直到觉得不管和谁见面都没有问题吗？

如果你自己都不能认同自己，当然也就得不到别人的认同。这是人际关系中非常重要的一点，还请牢记。忘记这条理所当然的法则的人，在人际关系中难免会遇到很多麻烦。

在和别人初次相遇时，如果你想让别人应援你，或者和你一起努力实现梦想的话，那你每天都需要彻底地检查、审视自己一次。

每天早上，在我昏昏沉沉的时候，为了让自己集中注意力，我会一边梳妆打扮，一边和自己说"要对别人温柔，对自己严格"。有些时候，我不想振作，便会在心里默念："那就只有今天，开个小差吧！"这一天不注意服装的穿搭和发型，也不去做按摩消除眼睛的浮肿。

如果自己开小差的话会怎么样呢？当天期待和我见面的人，在见到我之后肯定会感到非常吃惊。他们在见到我的瞬间可能会想："什么呀，这么不重视我们吗，我可是为了和你见面，好好准备了呢。"他们也许会受到伤害。

所以，这样过分的事，我可做不出来。不论多么疲惫、困倦，缺少睡眠，我都会努力收拾打扮自己。即使一点点也好，让见到自己的人觉得"对方的确收拾了哟"，至少可以让别人理解自己。

以对方的眼光来检查你的形象

· 让别人一眼就能看得出来，你的头发看起来锃光发亮，也收拾了发型。

·平时保持衬衣和套装的干净整洁，没有粘上毛发，衣服没有脱色和污垢。

·西服必须要搭配马甲，尺寸合适，不大不小。

·能够获得别人认同的时尚感、品位。

·化妆不能看起来古板，要紧跟时代潮流。

·走起路让别人觉得你英姿飒爽，年轻有活力。

·让别人感觉你的声音好听，打招呼让人开心，给人的感觉良好。

随着年龄增长，你的体型以及头发的量、质、色都会发生变化，外界的时尚潮流、流行趋势也会改变。珍惜老旧的东西当然很好，但是为了不让别人说自己古板，应该至少每年进行一次自我检查。

对于我们来说，在学校和公司等地的日常交流沟通，都可以展示我们的形象。当然，如果你是一个人

生活的话，家里也会有对你心存期待的人吧。那么你的家人，也是你展示自己形象的对象。

无论怎么说，为了不让周围的人感到失望，你会感到麻烦，但是请不要放弃。

"我们公司有一位员工，着装非常得体，和人交流时态度也很好，给人的感觉非常清爽。"社长见到这样的员工，会对他赞赏有加，因此必须给这位员工增加工资，鼓励一下，员工自己也会夸赞自己的公司，并感到幸福。

社长也可能会对自己的客户夸耀道："我们公司的员工非常有活力，有时间还请来参观一下。"仅仅是注重自身的装扮，就可以给别人带来快乐，那就不能算作浪费时间了。

"什么，那家伙又因为起床晚了上班迟到了吗？睡觉瘾可真大呀，真是太过分了。"这样的员工也许会遭到上司嫌恶。

"我们的工资明明都一样，为什么我的妻子和你的妻子对咱俩的印象相差这么大？"

……

也许你会因为自己的第一印象（不注重外表），在不知不觉间错失很多美好的机会，丢掉别人的信任。

为什么美国总统注重印象管理？

如上文所述，决定别人对你的好恶、是否合得来的评价，并不在于你的性格和才能如何，往往在于你自身自然表现出来的留给他人的印象如何。

而印象，是可以靠自身的努力改变的。

可能有的人会觉得"因为我本身就是这样的人，

所以不想改变自己""并不想让别人好好地观察自己"。

如果这样的想法可以试着稍稍改变一下的话，就可以

让别人更加容易接受自己。"想让更多的人理解自己"

这样一个简单的想法，就可以使自己做出改变。

我的印象力训练，首先是从放松面部肌肉开始

的。面部变得柔和一点的话，思考的方式会自然发

生改变，人也会变得更加积极。表情的坚硬和心脏

的坚硬是有紧密联系的。

在美国总统选举中，总统候选人都非常重视印

象管理。

为了获得各州的选票，总统候选人需要按照各

州的特点，深入地进行相应的印象分析，展现出良

好的形象。

比如，在美国的华尔街，有许多可以动摇世界

经济的券商和名流。为了获得他们的支持，总统候

选人就需要穿着时髦的西服以营造专业的商业人士形象。但是在俄勒冈州，有很多从事生产果酱的农业劳动者，总统候选人则需要挽起衬衫的袖子，展示出辛勤的劳动者的形象。

如果不这样做的话，选民们就不会对总统候选人感兴趣，也不会倾听总统候选人的竞选演讲，更不用说支持总统候选人了。如果大家都这么做，这些总统候选人自然就无法获得选举的胜利，无法实现入主白宫的梦想。

在美国总统选举中，候选人会花费 2000 亿日元之多去做选民的大数据分析和媒体训练。

如果你想要实现自己的梦想的话，就需要改变自己固有的不需要花费那么多的时间和精力去改变别人对自己的印象这样的想法。为了让更多的人支持你，改变别人对你的印象是非常有必要的。

印象力培训，将自卑变为自信

前几日，有一位长得很帅气的商社职员来我这里做印象力培训。在我向他询问来接受培训的原因后，他告诉我："我给人的印象非常冷淡，不论是在工作中还是私下，都让人感觉难以接近。"他感到非常苦恼，因此想要改变自己。的确如此，他相貌不错，穿搭风格、品位也很好，声音又好听，但是确实给人以难以接近的感觉。

实际上，要改变像他这样自身并没有什么缺点，但却有自卑感的人的印象是最难的。因为找不到首先需要改善的地方。

这位职员的工作是将高铁列车推销到别的国家。他有一个宏伟的梦想——让日本的高铁遍布全球。听起来真的是非常宏伟的梦想。他这个人其实也非常值得信赖。我衷心希望他可以实现自己的梦想，希望我的印象力训练可以为他的梦想贡献一份力量。当然，他的工作可不是一个人就可以办得到的。作为团队的领导，不仅要团结队员，还要说服上司，有时候甚至需要请求政府的帮助。

但是，他来培训时给我的印象，如果要用三个词概括的话，就是"认真""冷淡""完美"。这个印象让他给人以疏远的感觉，看起来非常难以靠近。

要实现自己的梦想，他就要俘获人心、广交朋友。为了获得这样的力量，他自身的印象关键词应该是"热情""幽默""充满可能性"。总之，要将他身上散发出来的气质变成充满力量的气质。

他每次都是用冷静的语调，非常平静地向别人诉说自己的梦想。因此，我给他的建议是想象着自己站在高台上，在很多观众面前激动地讲述自己的

梦想。

在具体的肢体动作上，我还告诉他："将双手放在胯部两侧说话是不行的！"

"一只手微微弯曲，使肘部放松。另一只手的高度要到心脏的位置，手掌心朝向听众，保持这个姿势。"

"不要感到不好意思，一直练习直到将这个动作变成自己的习惯。"

以手势为起点，逐步提高表达能力。猜一猜，他身上发生了什么变化？接受训练之后，这位男士的表达能力有了大幅提高，渐渐可以进行丰富的自我表达了。两日的训练结束后，他发生了肉眼可见的变化。

后来，他在发给我的报喜邮件里说道："多亏了您，我现在已经开始在为梦想努力了。欧洲有一个大项目，我去做了产品介绍，项目接洽非常成功。我也是第一次发现，原来我喜欢在别人面前说话（笑）。"

真的是一位非常优秀的人才啊！改变印象，就可以帮助自己实现梦想。消除了冷淡和自卑的他，将会向着广阔的世界越飞越远吧！

我也会一直为他应援的。

因为化妆、服装、发型改变命运的女性

前一段时间，我抽空去了一趟石卷市，在那里见了很多人。在一位女性身上，我感受到了"命运"的奇迹。她叫高桥善美，比我小一岁，心地善良，信念坚定，是一位非常优秀的女性。

她在"3·11"大地震的几天前，被告知癌症已达晚期，余下的生命只有5个月。但是，我与她相见时，已经是震灾发生的10个月后，即第二年的1月份。虽然是第一次与她见面，但是我给她提供了一些小建议："说话声音请大一些，用腹部发声。看不到笑容可能是因为妆容太淡了，请来这边，我帮您补一点妆。"我给她做了面部肌肉按摩，又给她补了妆，试着让她嘴角上扬2厘米，保持微笑。之后，我和她一起拍了一张哈哈大笑的照片。

几日后，善美看到这张照片说道："照片上的我看起来很幸福，谢谢你。"

然后她给我说了自己生病的事情，以及下面的故事：

"我的头发因为抗癌药的副作用都掉光了。现在戴的假发是岗山县医护学校的学生们用自己的头发做成的。他们精心护理自己的头发，然后剪下来送给了我。"

看起来乌黑发亮的假发，确实让人感到生命力。

头发刚掉完那会儿，善美总是戴着帽子，走路的时候一直低着头，当然也没有精力去化妆、打扮。我完全可以理解她的心情。

但是善美却告诉我："前两天，我戴上假发，试着化了妆，打扮了一下再去医院。其他患者和不认识的护士见到我，都对我说'产妇区在那边''您预约的是哪一天呀，怎么现在才来？'他们之前还开玩笑说我'还活着呢'（笑）。"

因为善美给我的印象是"看起来很幸福"，所以她才会散发出幸福的气息吧！只有保持良好的心情，才能欢快地和别人打招呼。

善美的梦想是为下一代做贡献。

我觉得她不是为了自己，而是为了家乡在锻炼、提高自己。她现在总是打扮得很漂亮，也获得了大家的信任。我问她："怎么才能变强呀，帮帮我……"但是善美却开玩笑似的对我说："癌症发作、疼痛难忍的时候，我还想让你帮帮我呢！"

为了家人、为了公司、为了错过的人……我们应该磨炼自己，改变自己给人的第一印象，而不是简单地以"不想化妆、想要打扮一下却觉得麻烦……"这样的理由让自己松懈。

拥有为了别人、为了家乡这样的善良心境，你的外表也会表现出善良的样子。

第7步

瞬间吸引对方的高效法则

有了美好的相遇，我们要怎样展开交流，获得对方的信赖，并发展成长久的好感呢？

在跨行业交流会或者相亲会等场合，我经常听到有人说"遇到了有好感的人，但是往往没有继续发展下去"。他们只是在当时的场合中对别人心生好感，但是没有和对方发展成同事或者恋爱关系。
这样的人总会感叹：

"为什么无法顺利进行下去呢？"

"为什么无法遇到命中之人呢？"

听到这样的事情，我总会问他们为别人着想的
服务精神有多少。

有些人可能会觉得"为别人着想就像是多管闲
事，我可不太擅长"。在他们眼中，人际关系是比
较复杂的东西，所以人际关系才无法进一步发展。
久而久之，情况就会恶化。

当然如果仅仅是"多管闲事"肯定是不行的，
能够让对方感到喜悦才是最重要的，只有这样才能
给别人留下美好的印象。

在你为别人着想的时候，别人也会想着"我也
要同样地站在对方的角度思考"。这样一来，也许

双方就会慢慢打开紧闭的心扉，构筑起美好的关系。

比如，我们可以把与人分别时说"下次能够再见到你就好了"，变成"那么，一定会再联系你的，我来安排好了"。然后立即行动起来，约定下次见面的时间和地点。

下次见面是否会给对方添麻烦，从这一句话说完后对方的反应中就可以看出来。

只要对方没有表现出讨厌，你就可以尝试进一步的发展，试探一下对方的反应。人的心情是会慢慢发生改变的。

离对方的内心更近的秘诀

不管是工作还是恋爱，初次相见时两人更多的是对各自抱有不同程度的好感，但是极少出现一见钟情、两情相悦的情况。

作为帮助别人改善印象的专业人士，印象训练师可以说就是为他人着想的职业。我们需要尝试理解别人的想法，并且总是给别人提出一些有用的建议，比如：如果真的想做的话，不论是否喜欢，那只有努力下去。

很多人正是平时没有接触过全心全意为别人服务的人，所以一旦遇到了这样的人，更加容易打开心门。

当然，"多管闲事"和为别人着想，也要适可而止。一时半会儿头脑发热、半途而废也是起不到作用的。如果不认真行动起来，就会被当成是一时头脑发热。说话、行动都需要带着责任感。思想和行动保持平衡是非常困难的，因此很多人会觉得"讨厌多管闲事""人际关系真的是麻烦"，从一开始就放弃尝试了。

但是，不论是恋爱还是工作，如果想要构筑起帮助你实现梦想的人际关系的话，仅靠外表也是不行的。积极探索和对方关系更进一步的方法，积极沟通和细心照料同样是不可少的。在这个过程中，就需要有为他人着想的服务精神。

如果你不知道"为他人着想的服务精神"要做到什么程度才算合适的话，请先从小事情上开始。比如询问对方："如果你嗓子干的话，请不要介意，直接说出来，我可以给你买喝的或者任何东西。"只是耍耍嘴皮子，但是不会买东西的人，应该很少吧。也可以试着将询问的方法改变一下："我嗓子比较干所以想买点喝的，你要不要一起呀？""下次想吃什么呀，有喜欢的东西吗？"如果这样询问的话，就可以避免不被别人信任、见面就结束的情况，也才会有下次见面的机会。

首先，你自己需要积极地做出改变。

每日精神十足地问候就可以令人产生好感

以前经常听到有人说，大声和别人打招呼的人一定不是坏人。所以，坚持每日都朝气蓬勃地打招呼，这一点也是非常重要的。心情好的时候，和别人打招呼也会带着喜悦的语气。但是仅在心情好的时候精神十足地打招呼可是不行的。无论何时都可以精神十足地与人问候才是最重要的。

我在酒店门口做扫除的时候，不仅和在酒店住宿及用餐的人打招呼，还会问候从酒店前经过的人。问候不是简单的"欢迎光临"，而是"早上好""您好""晚上好"等。刚开始的时候，大家都避开我的目光，感觉不好意思似的匆匆而过。

但是过了一段时间，我就和经过酒店门前的人产生了良好的关系。大家都自然地回应我的问候。

再之后，有人对我说："你一直都是笑容满面，真的是不好意思，我仅仅是经过而已（笑）。"我则回应道："请不要在意。"又过了一段时间，有的人对我说："实际上没有必要在此住宿，但如果有接待别人的话，会来这里的。"确实那之后有很多人来我所工作的酒店住宿。

过路的行人变成了餐厅用餐者或者来俱乐部休息室休息的客户。

甚至，我们这样对路过的行人客户的接待，慢慢地吸引了很多周围和海外的客人，他们从仅仅用餐或者休息变成了住宿。

向那些与自己利益无关的人打招呼，可能会比较难。但是还请抱着试试看的心态，热情地向这些人打招呼。当然，这个想法不要只是停留在脑海中，请付诸实际行动。

变化尤其显著的是，想抽烟的上司和麻烦的客户。平日里不怎么接触的人，也开始热情地对待自己。

热情地对待别人，成为对别人而言"特别的人"，即使别人对自己说了过分的话，也不要放在心上。

坚持热情地和别人打招呼，肯定会有变化发生。即使效果不会立马显现，也请不要放弃，要相信变化很快会到。

你一定可以改变当时所处之地的气氛的。

成为对别人来说的特别之人，要注意向别人问候的位置

当我们和别人打招呼时，可以在交流对象斜前方的 45 度线上，距离对方胳膊长度 1.5 ~ 2 倍的距离，充满活力地和别人打招呼。

和人打招呼时，露出上颌 8 颗牙齿，有意识地使自己的声音比平时更高一些，眼睛睁大，让别人感受到自己的热情和精气神。

每天和别人打招呼的过程中，可以结交到能心灵相通的朋友。

抓住别人内心的天才的成功秘诀

在开发印象力培训课程的时候，我一直在研究企业研修课题"提高销售额的待客印象、营业印象"。后来，我受邀参加电视节目中的"表情 Ranking"环节，开始研究"什么样的人是受欢迎的人"。

实际上，我仔细观察了身边受欢迎的人、人气高的人、有很多粉丝的人、实现了梦想的人，得出了这样一个结论：凡是这样的人，都是机灵好动的人。换句话说，就是他们总是认真思考、认真工作。所以，受欢迎的人中有很多人事业有成，实现了梦想。

比如幽默界的名人，明石家秋刀鱼先生。他就是善于抓住人心的天才。因此他很受欢迎，事业有成。

在录制节目时，我曾和明石家先生共处过一段时间。明石家先生给我的印象是，他总是能在当时的环境中非常熟练地发掘别人的优点。如果现场有8种人，那么他就可以发现这8种人的优点，并且将他们的优点发挥到极致。所以看过他节目的人都感觉他的节目很优秀，节目效果很好，和他一起参演节目的人也会感到非常幸福。

与明石家先生一同表演节目的人，总是会说："我能够发挥自己性格的长处，都是托明石家先生的指导，总有一天我要报答他的恩情。"我想正是因为这些因素，才会有那么多观众和业界人士喜欢他吧。明石家先生的确是一位非常有魅力的人。

那么，我们普通人如果想要模仿明石家先生的第一感觉和才能，学习他的判断力和行动力的话，应该怎么做呢？我认为要注意思考现在能够为对方所做得最好的事，并付诸行动。

比如，受欢迎的男性，会在女性想要打开罐装果汁或者罐装啤酒的时候帮其打开，或者挡住即将关闭的电梯门，等待女性进去。

也有的男性可能会想："如果做那样微不足道的事情，别人就会喜欢自己，那还要婚介所干什么？"他们说的固然有道理，但这些看上去细微的事情，更能体现人品。而养成这种注意细节的习惯，需要日积月累的实践。

女性也一样。看到男性的身上有绒毛，微笑着为其取下。男性同事一个人在公司加班的时候，对他说"要不要一起加班呀？"并为他买一杯咖啡。即使是这样微小的、每个人都能做到的事情，男性也会因此注意到你，刷新对你的认识。

抓住别人的心，增加粉丝，有可能并不是什么困难的事情。你需要做的仅是思考那个时候可以为对方做的最好的事情，然后付诸行动就可以了。无关金钱多少和事情的大小。

那么，就让我们从小事开始做起吧。

这样渐渐地，你的"想要为别人做点什么"和别人的"想要别人帮助自己"这样的想法就会不谋而合，两人之间也许可以产生深厚的感情。

实践、实践，总之就是不断实践简单的事。

"好的顾客"和"好的服务"

有一次，我去一家有名的百货商店的手表柜台修手表。因为是周末，所以人非常多，有很多顾客排着长队等着修手表和换电池。

可能是平日里没什么人，现在一下子人多了起来，接待的两个服务员显得手忙脚乱。

我前面排队的顾客，有的也变得焦躁起来。

顾客嚷嚷道："怎么要这么长的时间，怎么回事！"抱怨声四起。这样一来，服务员们也不着急修手表了，变得不耐烦起来，对顾客说："这个表修不了，不好意思。"看来是已经自暴自弃了。

在一个服务员毫无表情、语气沉沉地叫我时，我用清脆的语调大声对他说："专家，请帮我换电池。"服务员身边的空气仿佛瞬间发生了变化。他像是完全变成了另外一个人，麻利地对我说："现在就开始修，请您在 × 分钟之后来可以吗？"然后就进了工作间。我买完东西回去取手表的时候，服务员看到我，立马微笑着对我说："请您来这边，工作人员正在修理您的手表。"和我一起来买东西的朋友都感到非常惊讶，是什么让这个服务员改变了态度呢？

是的，就是"专家效果"。

给被伤了自尊的服务员披上"白衣"，恢复他们作为专家的自信。穿着白衣的专家的工作，不是接待客人，而是提供技术。所以，当客户说了难听的话，他们也不会放在心上吧。

因此，我称呼他为"专家"，对其报以敬意，唤醒了他作为专家的自信。

如果想让对方充分发挥能力，做好本职，就需要站在对方的立场，给他们树立自信。对于自己的客户来说，道理也是同样的。

如果你想在餐厅或者酒店获得良好的服务，也要做一个"好客户"。比如，如果要去豪华酒店，那你的着装打扮自然要郑重一些，这也是给酒店添光彩。反之，如果只是一味批评"那个酒店不过尔尔，服务也不好"，那么你可以去的优秀酒店会越来越少，这岂不也是一种资源浪费？

为对方着想，守护对方的自尊心，对方自然也会为你着想，重视你。所有的想法和行动都是"镜像"的。

让人"一见钟情"的人的共同点

有一段时间，我曾和花样滑冰选手高桥大辅住在同一家酒店。因为工作的关系，我见过很多名人，但是高桥选手给我的印象确实是"非凡之人"。在空旷的酒店大厅，他双手提着便利店的手提袋，英姿勃勃地走着，自然就抓住了很多人的目光。不知不觉间，我也成了他的粉丝。

登上世界体育竞技舞台的选手们各有优点，有的人会散发出强烈的压迫感、威严感，但是高桥选手给人的感觉是极致的美，惊若天人，以至于无法靠近，无法向他打招呼。他一瞬间就抓住了我的内心。

为什么我会这么认为呢？从印象的角度来说，他给人的印象就是"极致的气质"。

虽然双手提着便利店的袋子，但是走起路来平衡非常好，就像流动的水一样。从头到脚，就像是有一条线连接着，走起路来好像全身的肌肉都很欢快。

我以前看过高桥选手的一段采访："我在和自己身体内的自卑做斗争。现在的身材比例不是很好，如果手和脚更长一些就好了。虽然外国选手都认为我很厉害，但是我每天都在思考怎样才能做出更美的花样滑冰表演，并一直在努力着。"

正是努力使他身上散发出那样优秀的气质。即使你不知道高桥大辅，但只要你从他身边经过，就会感叹"真的是非常优秀的人呀"，被他瞬间吸引。

即使不用言语表达出来，优秀也是能被看见的。从一个优秀的人身上，我们不难看到努力和经验造就的自信。这样的气质可以从站姿、走姿、坐姿、打字的姿势、吃饭的姿势、喝水的方式、说话方式等方面流露出来。

那么在 IT 公司工作的你，在写邮件的时候是否想过，"努力和经验造就的自信"可以从自身的气质上表现出来呢？

在学校里教书的老师，面向黑板时，是否想过"努力和经验造就的自信"可以从自身的气质上表现出来呢？是否会注意说话方式、表达方式呢？

描述出理想的自己

起床和睡觉时都保持微笑（24 小时保持微笑）；

手脚麻利，给人积极工作的印象（快乐、能干的打工者）；

无论是工作中还是私下，都认真思考、沉着冷静，不贪婪（成熟的大人）。

养育孩子的妈妈，是否想过自己小时候的梦想？如果自己做了妈妈的话，该怎样养育儿女呢？

请大家一定试着在脑海里构建理想的自己。我们需要实现梦想的力量和勇气。

不知不觉你就会发现，别人会对你另眼相看，被你所吸引。总之，我们要将平日的行为变成更加接近理想的行为。感到害羞或者难为情可是不行的。

第 8 步

无论何时都被需要之人的思考方式

　　我经常听到有人抱怨，"如果我的父亲是一位富豪该多好呀，那样我就可以去私立学校上学，也可以去国外留学了""如果妻子擅长做菜，温柔大方该多好呀，那样我就会早点回家了。今晚就先在外面喝点酒再回去吧，可是妻子又该生气了，真是没招呀""如果上司办事更好的话，就能通过审批吧。可是上司完全跟不上节奏，工作完全没有干劲，要不跳槽吧"，等等。如果天天这么抱怨的话，你大概是无法实现自己梦想的。因为你对他人的期待过高了。

如果你想要实现梦想的话，我建议你不要去期待自己所处的环境和所交的朋友，而要尝试着去改变自己。也就是说，不是期待对方，而是期待自己。

如此一来，你就会向着梦想不断努力，无意义感、不耐烦的情绪等都会消失。正是因为自己正在一步步地靠近梦想，所以会感到非常快乐。

焦躁的原因在于自己

"那个孩子和我不一样，他们家很有钱，而我

家很穷所以我没法留学。"

经常有孩子来向我倾诉这样的事。这个时候，我总是开导他们："为什么非得依靠父母呢？你不是小学生、中学生了，自己存钱去留学也可以呀！"

留学，不受年纪和家庭的限制。很多学生想去留学，也是抱着精进语言的目的。日本有很多需要英语的服务行业，可以打工存钱。如果用心打工的话，两年左右就可以存够去美国留学一年的费用。并且打工时也可以锻炼英语，可谓一石二鸟。

能否做到，也取决于自己

为了留学而学习英语，打工存钱，是非常励志的行为。但要是想参加聚会就去聚会，为了跟得上潮流就和朋友去旅行……那不管经过多长时间都无法实现留学的梦想。

如果不能严格要求自己，老去时终究会留下人生的遗憾。

以自己的梦想为最优先准则。如果可以和周围的人认真地谈论自己的梦想，周围的人也会为你加油打气。

我经常听到有的男性抱怨说："妻子很冷淡，我在家里待不下去。她做的饭也很难吃，所以我就经常在外面吃完后再回家。"这和先有鸡还是先有蛋的问题，是同一个性质。妻子之所以冷淡，有可能是因为平日里丈夫回家比较晚。在家里待不下去，也怪平日丈夫都不在家，家里人也不待见，有时候做了饭丈夫反而不吃，妻子也就失去了做饭的耐心，做起饭来自然不用心。

这个时候应该怎么办呢？丈夫下班后，不要磨磨蹭蹭，迅速回家。妻子的态度一开始可能不会改变，毕竟态度也是日复一日积累的。改变长时间的态度和习惯并不容易，所以刚开始要做好妻子比较抵触的准备。

接下来，要试着去称赞妻子做的饭好吃，简单地说两句称赞的话也好，比如"好吃""这个味道，我喜欢"。

这样的话，妻子开始也许会感到比较困惑，可能无法接受，但是心底里肯定还是喜欢的。在妻子表现出来喜悦之前，一定要继续夸赞，不要停下来。

如果能够持续这样半年的话，你的妻子可能会把家里收拾得漂漂亮亮的，并且会给你做好吃的。请将这句话记在心里，并坚持下去。你可能会问：需要坚持这么长时间吗？但是这仅仅是漫长人生中的半年罢了。快的话，两周就会有效果。

就这样，以前是期待别人，现在转变为期待自己，尝试着去改变自己吧。

这样，你就会感觉到自己所处的环境切实发生了变化。

改善现场氛围的"心灵柔软剂"

让周围的人接受自己并且支持自己的梦想，并不是那么简单的事。

要做到这一点，你需要改变自己。当然，我所说的不是改变人格、性格或者信念，而是改变你应对不同场景的状态。

改变的关键点是观察现场的氛围。比起读懂现场的氛围，我们更需要预见现场氛围的走向，并且付诸适当的行动，发表适当的言论。

比如，如果现场有和我一样靠嘴皮子谋生的人，我基本不会开口。我的任务从头到尾就是去倾听。别人可能会觉得我是一个比较老实巴交的人。

相反，如果是出席争执不休的会议或者死气沉沉的交流会，必须要活跃现场氛围的时候，我就会像广播里的DJ一样，准备合适的话题，滔滔不绝，带动起现场气氛。

我经常思考的不是"在那样的氛围中，如何做才好呢"，而是"当时我应该怎么做，才能带动现场的氛围呢"。

正因为如此，我才能在各种各样的场合中交到各种各样的朋友。思考的关键在于，我不会认为"少了我可不行"，而是"我只是我""我应该做自己"。

将"我就是这样的人"的气质赋予另外一个强大的"我"，这个"我"越是强大，越可以在不同的场景遇到适合自己的人和环境（场合）。

如果你觉得自己应该被更多人接受，不愿意被束缚在狭小的圈子里，那就应该更加努力地去消除另外一个顽固的"我"。

我平时总是在思考怎样将另外一个顽固的"我"消除掉。请你也一定试着这样做。

当你眼前出现对付不了的人的时候，正是消除另一个顽固的"我"，改变自己，实现梦想的时候。这样的人是来为你提供帮助的。

如果你可以这样思考的话，人生会变得更加有趣。

是的，人生本来就应该有趣。

自己的思考方式、自己的心，可以让你所处的世界瞬间发生变化。

第三章

表情、心灵、外表……0.5 秒
内就给人好感的人的印象力

第 9 步

带来幸运的"感谢法则"

不论什么时间、什么地点，别人对你说"谢谢"，都会让你很高兴吧。

我给从事客户接待、营销工作的人做印象力训练，当问他们"让你感到幸福的语言是什么"的时候，他们都回答，比起"真可爱"或者"干得不错"，他们更喜欢"谢谢"。"谢谢"占据着"让人感到幸福的词语"第一位。

"谢谢"这个词，可以让人忘却一天的不愉快、不开心。同时，"谢谢"也是带有让人感到幸福能量的词语。

所以，平常总是将能给人带来幸福的"谢谢"挂在嘴边的人，同样会被别人所喜爱。因为这个词能给人带来幸福感。

让所有人喜欢的口头禅

你会在什么时候使用"谢谢"这个词语呢？

·让别人帮自己购买商品的时候？

· 别人给自己让座的时候？

· 别人请客的时候？

· 别人帮自己搬行李的时候？

你可能会想到各种各样的场景。但是这些场景是否都是别人帮助自己的场景呢？当别人帮助自己的时候，向他人表示感谢，这是再正常不过的事情了。所以，我们应该将"谢谢"作为自己的口头禅挂在嘴边。即使自己帮助了别人，也可以对别人说"谢谢"。这样的训练也是非常重要的。

· "谢谢你帮我卖东西，帮了大忙。"

（实际上，没有别人帮自己卖东西的话，这些东西可能是卖不出去的。）

· 自己让座的时候可以说"谢谢你坐在我身边"。

（自己想要让座的时候，如果被拒绝的话就太难堪了。谢谢别人让我做了好事。）

·"谢谢你让我帮你搬行李。"

（谢谢你让我在你家歇息了一会儿。）

我们要养成不仅在"别人帮助自己"而且"自己帮助别人"的时候，经常说"谢谢"的习惯。

这样的话，我们就有两倍的机会说"谢谢"，也就有了两倍的让别人感到幸福的机会。多么美妙的事情呀！

你不想尝试一下成为受别人欢迎的人吗？

请一定要扭转"别人不喜欢自己也无所谓了"这样的想法，并做出改变，试着对身边的人说"谢谢你一直在我身边"。仅仅是"谢谢"两个字，你就可以温暖一个人的内心。所以，请现在、马上，说"谢谢（微笑）"。

请试着偶尔较真儿

当你开始追求梦想的时候，一定也会有这也不行那也不行，仿佛什么都不会，不自觉就想要放弃的想法吧。

但是，"因为能力不足所以办不到"这样的想法，大多数情况下都是错误的。实际上办不到仅仅是由于你还没有开始做，没有开始努力。只要你稍微认真一些，开始努力的话，能力不足的情况就会立刻改变。基本上通过自身的努力，你可以得到自己想要的东西。

比如拿容易放弃的女性来说，"想要那套西服"的时候，可能会觉得：

没有钱，放弃吧。工资低、公司不好。父母穷，父母不好。社会环境差，没办法。

　　这些人总是对自己所处的环境感到愤愤不平，很容易将负面情绪带给你。这会给你带来巨大的伤害。

　　但是，同样的场景，我的做法是：

　　没有钱，应该如何做才能增加收入？应该更加努力工作，提高能力。感谢自己拥有健康的身体。亲人和孩子都很健康，不必担心。谢谢！

　　因为家里人都很健康，自己可以专心工作，因此心怀感谢。

　　不要对自己身边的人和所处的环境满腹牢骚，要试着抱有感谢别人的心情，以感激之心对待上了年纪的长者、叽叽喳喳的淘气儿童、迎来青春期的孩子，以及家里身体康健的老人。结果会怎么样呢？感激，可以释放双倍能量。

上了年纪的父母虽然不了解实际情况，却总是插手你的事情，对你的生活絮絮叨叨。你好不容易收拾完的屋子，孩子们却在里头嬉戏打闹。可是，难道不是因为孩子们精力十足才这样做吗？如果你可以看开一些，相信他们也会觉得你心胸宽广，不计较小事。

不过，你的父母也是从你这个年龄段走过来的，你的孩子有一天也要为人父母，也会学着父母的做法对待自己的亲人。

即使现在没有察觉到，总有一天你的父母也会觉得："果然我的孩子还是不一般！"你的孩子也会觉得："果然我的父母还是很厉害的。"这当然是件非常好的事情。那么，为了让自己变得更加优秀，请从今天开始站在镜子前进行训练。训练！训练！

如果你只是小声地说"谢谢大家元气满满，健健

康康", 大家是听不到的, 要将自己的心意大声说出来, 让对方听到。那么让我们微笑着再说一次:

"谢谢大家元气满满, 健健康康!"

做得很棒! 谢谢你真诚地大声说出来 (笑)。

做好了准备的话, 请你实际操作一下。请保持笑容, 当作训练!

你最应该感谢的人是谁?

感谢家族、感谢朋友、感谢上司和部下、感谢客户、感谢遇到的每一个人……像这样, 我们每天要感谢的人非常多。

如果见到了自己不喜欢的人, 你肯定会感到不开心。但是我们要打从心底里认识到, 我要对所有人表示感谢。这是非常重要的。

在我们家，我的家人也会用实际行动表达对先祖的感谢之情。比如，我们不仅每年都会去扫墓祭拜先祖，也会每日在家里的佛坛前用精致的餐具供奉食物，我们吃什么就供奉什么。

可以试着想一下，如果你非常敬爱的奶奶去世了，给她供奉冷饭、冷茶，你自己却吃着烤肉、咖喱饭、蛋糕等好吃的食物。站在奶奶的角度换位思考，会不会觉得自己很过分呢？

生我养我的是我的父母，而将我的父母带到这人世间的是我的祖父母和外祖父母，将我的祖父母带到这人世间的是曾祖父母。正是因为有了先祖们，我才能降临这个世间，我对他们的感激之情无以言表。

你到底有多少先祖呢？从你的父母开始数的话，向上追溯到父母的父母。$2 \times 2 \times 2 \times 2$……追溯到33代的时候，竟然超过了现在的世界总人口，达到了8,589,934,592人！仅仅是简单的数字计算，是不是也非常让人难以置信？

总之，你并非独自一人在生活，在成长。正是由于许多人的帮助，你才能活着，我们应该时刻心怀感恩。抱着这样的心态，你就会发现自己会不自觉地想要去守护一些眼睛看不到的珍贵东西。

请大家一定要将感谢的心当作日常态度来锻炼。如果家里的佛坛满是灰尘，先祖的墓地都是杂草的话，请先将它们打扫得干干净净，从这一点开始做出改变。然后将热茶和蛋糕之类的供奉起来，双手合十，默念"谢谢"。

如果你日日虔心祈祷的话，在遇到困难的时候，神明和先祖也会感受到你的祈祷，来帮助你渡过难关的。

如果自己每天都怀着感恩的心对待别人的话，也许有一天，别人也会乐意帮助你。不论是别人还是先祖都是一样的。如果你能在日常生活中非常感恩先祖的话，也许不知不觉中，眼睛看不到的85亿"应援团"也会帮助你。那么，我们需要做的是，感谢、感谢！时刻感谢。

生动的表情也可以给人带来幸福

活力十足地工作的人，精力充沛地照顾孩子的人，活蹦乱跳玩耍的孩子们……

即使是路过的人，看到这些精力十足的面孔，也会面露笑容，不禁感慨："真幸福呀！我也要加油，也要充满活力呀！"

我曾经也有孤困难熬的日子，有时候会扪心自问："我真的是一无所有吗？"这样的时候，我悟到的应对方法是摆出"幸福模样"。与其闷闷不乐，倒不如强迫自己：

无论是什么样的工作，只要可以工作，那就要笑脸应对！

孩子的生日会，虽然没有钱，但是可以手工做食物，举办派对！

买不起时髦的家具，就自己想办法装饰家庭！

就像这样，在自己所处的环境中，强迫自己打起精神，做出幸福的模样。

如此一来，那些猎头们可能会对你说："你看起来很优秀，要不要来我的公司工作呀？"

附近的小孩子们也会羡慕："太好了，我也要让我的妈妈给我做。"

再或者会被表扬："简简单单的生活真不错呀，烛光晚餐太浪漫了！"

"幸福模样"给我的家人带来了温暖，我的家人们都很幸福。正是由于我平日精气神十足，所以还获得了很多非常有活力的同伴。

俗话说：物以类聚，人以群分。自己的周围一定会有和自己相似的人存在。

感到不开心，郁郁寡欢，就可以试着笑一笑，即使是苦笑也无所谓，咬着牙假笑也无妨；每天坚持假笑的话，也可以锻炼脸部的肌肉，慢慢就会生出真正的笑容来。每天笑容满面，充满活力，就会变得幸福起来。

就像这样，自己稍稍努力一下，就可以变得幸福起来，超越以往的自己，从而真正变得幸福，获得实现梦想的力量。

超越年龄、性别和国籍的交流方法是什么？

大学毕业之后，正式进入日本航空工作之前，我有大约一个月的自由时间。

我当时想：既然要成为国际航线的空姐了，当务之急就是要体验一下海外生活，成为有国际范儿的人，标准英语也要加强一下。于是，我去英国参加了为期两周的语言研修。

我当时的室友是一位和我同岁的法国人。和我关系很好的同学有三位：一位非常有活力的来自意大利的男生，一位比我年长10岁的葡萄牙电影导演，以及一位来自西班牙的自由职业者（他比我年长20岁，是一位非常友好的大叔）。我要好的朋友中，并没有能够说一口流利的标准英语的人。

我们从见面的第一天起，无论是学习还是玩耍都是一起的。因为谁的英语也不好，所以大家都是各自说各国的语言。这样的话，交流起来最重要的就是表情。

当我因为睡眠不足表现出困倦的表情时，他们会像亲人那样一脸担心地对我说："怎么回事，没事吧？"辩论中想到好的点子，鼓起勇气发言的时候，他们会像可口可乐广告里出现的温柔的角色那样击掌鼓励我。

对方友好地轻拍自己的肩膀鼓励自己，这一小小的举动具有治愈人心、让人安静下来的力量，有利于构筑友好的人际关系。另外，高高地击掌作为自然而然的情感表现，也表达了想和对手触碰、相互理解的心情，这样双方都会感到非常快乐。

即使语言不通、文化迥异，只要具备相互理解的心，那么凭借表情和手势就可以向对方传达自己的心情，进而相互加深理解。

这就是我与四个来自不同国家的研修生成为好朋友的收获。这份经验对我的将来（也就是现在！）产生了巨大的影响。

要有丰富的表情！

很多人不知道让人喜爱的表情是什么，以及具有丰富表情的人是什么样的。有些时候，你明明只是摆出了普通的表情，可是在周围的人看来你却像是在生气。大概很多人都遇到过这样尴尬的时候吧。

这样的人被称为"肌肉集中脸"。思考的时候，他们的脸部肌肉会不自觉地向鼻子的上方聚集。我在参加一个叫作《人生咨询》的电视节目，中途休息的时候，演员千原浩史先生也向我倾诉了相同的苦恼。

这样的人如果想要表现得容易接近的话，就要将面部肌肉向外舒展开。

如果你想给人以"这个人看起来不错，想和他打声招呼"这样的印象的话，请一定要彻底调动自己的面部肌肉。如果只是平时的表情，那面部肌肉就会因为重力不断地向下拉，自然会给人以刻板、不友好的印象。

与人对视的一瞬间，立即睁大眼睛，做出"怎么会这样"的吃惊表情，就可以给其他人留下良好的印象。

那么，让我们来尝试一下！

将眉尖部分的肌肉和眼皮周边的眼轮匝肌向上调动起来，一下下地睁大眼睛，这样心情也会开朗起来。

另外，如果想给人以"有气质的领导"的印象的话，则需要张大嘴巴露出牙齿，大声爽朗地笑出来，就像明石家先生那样。这样就会给身边的人以太阳般温暖的感觉。

那么，如果你现在所处的地方比较空旷，没有其他人的话，请大声地笑出来吧。

"哈哈哈！哈哈哈！哈哈哈！"

笑一笑的话，是不是感觉自己的心情变好了呢？至少在别人看来，你的表情肯定是很丰富的。

是的，如果你想使自己的表情丰富的话，就需要比别人更多地笑。尽情地笑，使唇部到脸颊部的肌肉联动起来，不知不觉间就锻炼了面部肌肉。

不管你有多么无聊、艰辛、痛苦，都要微笑着去面对。

为了超越现在的自己，为了成为更加优秀的自己！

睁大眼睛

眼"力"提升训练 ②

1. 闭上眼睛，食指将眼角向外侧拉伸；
闭上眼睛的时候，眼珠向鼻梁的方向靠近；
保持 10 秒。

2. 手指离开面部，瞬间睁大眼睛。

第 10 步

坚定的自信可以使你更加优秀

有自信的人和没自信的人的区别到底在什么地方？

我认为，区别在于是否能够超越别人给自己设定的上限。

"超越自己"的自信，会自然而然地表现在表情和态度上，即使被别人盯着看，也会毫不胆怯。这就是吸引周围人的自信之人的魅力。

拿运动来举例子。也许观众会评价一位运动员："那个运动员，大概也只能达到这样的结果吧。"如果这个运动员确实如观众所评价的那样取得了差不多的成绩，就完全不会被人瞩目。如果想要被别人注意到，那就需要远远超过别人的预期，要超过设定的上限。

别人只有在惊讶"为什么那个人可以做到呀？到底是如何办得到的呢"的时候，才会对你感兴趣。

然而，为什么自己明明自信满满，周围的人却不认同自己作为团队领导呢？为什么别人感受不到自己的魅力呢？可能是相对你的实力和才华、所处的环境来说，你设置的目标太低了。必须要更加认同自己，挑战更高的难度。

　　当然，也不要成为好高骛远的人。长时间好高骛远，你可能会怀疑自己"为什么行不通呢？难道是自己不行，办不到吗……"最后丧失自信。这就是最开始目标设置得过高了，这样即使万分努力，也很难超越现在的自己。

　　为了成为更加优秀的自己，你需要燃起斗志，锻炼身体。然后，慢慢地从可以做得到的事情开始，不断超越自己，不断适应。

　　虽然我总是把最终目标和梦想当作宏伟的事情宣告出来，但是我不会想着一步登天，马上就实现目标。我总是一步一个脚印，不断地去接近目标。实现一个个的小目标，就会慢慢地增加自己的信心。我们需要冷静地掌握自己的节奏。

　　毕竟，幸运跳跃并不是每次都可以实现的。

"喜欢自己"的小心机

我总是会非常注意回应对方的小小的期待并帮助对方。

我总是在想"对方一定对我有这样的期待吧"，并将这样的想法当作自己心底的小小的回应。实际上别人也有可能对自己并没有期待，但是我还是会自己假想并做出回应。

人的思想和行动会起到"镜子的作用"，自己想着去回应别人，慢慢地就会有越来越多的人来应援你。心灵是可以相通的。只要从日常的小事情做起，我们就可以达到这样的效果。

例如，下班后去超市购物。

有时候，我们可能会拿到没有贴价格标签的商品到柜台结账，收银员遇到这样的商品也会比较无奈。这个时候，收银员大概会叫来其他同事帮忙看价格，或者自己离开柜台去寻找相同商品的价格标签。但是这个时候，如果你说："我已经拿了相同的东西，用那个价格标签是不是更快一点？"然后把相同的商品递过去，就可以快速地解决眼前的问题。这样一件简单的小事就会让你获得小小的自信：虽然花费点心思，但是还是做了帮助别人的事情。你的心里也许会觉得有点麻烦，但肯定还是会暗暗称赞自己的。

首先，我们需要做的是，每天用可以做到的小小的努力回应别人的要求。

家人说"帮忙清洗一下盘子"，即使很讨厌刷洗，也要照顾家人的感受而去做。

即使自己很累，也要在车上给别人让座。

适时地给朋友送上对方喜欢的礼品，并称赞"这

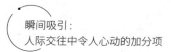
段时间一直努力，辛苦了"。

不经意地对后辈说"这部分工作我顺便帮你做了"，并当作后辈的功劳。

就像这样，只要稍稍付出自己的体力和精力，付出真心，你就会发现好像好多事情都变得非常简单。实际上，就这样动手去做的话，你会发现你将更加喜欢自己。

让我们把身边的人的期待写出来，去帮助他们吧！

想象一下身边之人的小小的期待，写出来

● 家人的期待

_____

● 同事的期待

_____

● 客人的期待

_____

● 朋友的期待

_____

"超级明星式训练"，提高能力和形象

我经常举办"成为超级明星"的训练。所谓"超级明星"，就是让其他人有"我也想要成为那位明星"的感慨的人。无论是谁，只要让你觉得"好帅呀""好幽默呀""好优秀呀"，能让你兴奋、激动、感动的人，都可以称为超级明星。为了成为超级明星，我们首先需要去模仿他们——这就是"模仿训练"。

以我自己为例。

当我想到"麦当娜好酷呀！"的时候，我就会去看麦当娜的演唱会。当然观看演唱会并不意味着憧憬结束了，我会去思考自己要付出怎样的努力，才能成为麦当娜那样的明星。当然，接下来我会为此付出行动：

①声音训练，以达到麦当娜唱歌时既可爱又性感的嗓音（独创的颤音训练）；

②为了可以性感地舞蹈，坚持减肥，做拉伸运动和舞蹈练习；

③夸张的时尚（但是不能引起别人的讨厌）和与之相符合的举止；

④不惧别人的眼光，绝对自信的努力和旺盛精力；

⑤无论何时都有可信赖的、可以支持自己的优秀的朋友。

你会看到，要成为麦当娜那样的人需要付出如此多的努力。你所憧憬的超级明星，原来一直都在努力变得优秀呀。只要付出了足够的努力，也可以成为超级明星吧……

全力以赴做某件事，也会拓宽我们的认知、能力和眼界。请一定要尝试一下"超级明星式训练"。

我在小时候经常模仿美国著名喜剧演员艾迪·墨菲。艾迪·墨菲是世界一流的喜剧演员，他拥有夸张的动作、爽朗的笑声、极快的语速、认真的态度和变化多端的表情。在任何地方都会给观众带来欢笑。我研究了艾迪·墨菲是怎样表演的。

不断练习，努力成为不同领域的超级明星的话，你慢慢就会发现，自己的信心在不知不觉间越来越强！

为了便于加深对自己喜欢的明星的印象，我在我的艺术工作室里摆满了喜欢的明星的签名和艺术照，比如美国前总统奥巴马，以及迈克尔·杰克逊、奥黛丽·赫本，当然少不了麦当娜。即使是明星的签名，也透露着明星本人的强烈特征，会加深你对这位明星的印象。

那么，你心中的超级明星是谁呢？

如果你要模仿自己心中的超级明星的话，需要做出什么样的努力呢？让我们写下来吧。

将自己憧憬的超级明星记在心中
「模仿训练」

● 想要模仿的超级明星

● 成为心目中的超级明星所需要的努力

①

②

③

④

⑤

"自我喜欢症候群"

我们每个人所处的环境不尽相同，如家庭环境、社会环境、学校环境、饮食环境、会议环境、通勤环境等。因此，把每个环境都变得对自己友好是非常困难的。

其实，即使是同一环境，不同的人的感受也是不一样的。

例如，周围的人比自己优秀的时候，有的人可能会感到"人外有人山外有山，我也要像那个人一样多多努力"，从而充满斗志。但是，有的人会觉得"他真的是太优秀了，我无论如何也不可能做到他那样"，然后变得意志消沉。当周围的人不如自己优秀的时候，有些人会将他们作为自己的反面教材："哎呀，像他们那样可不行。我可不想过那样悲惨的生活，自己要多加努力。"但是也有人心里扬扬得意："还有人比我还差劲呢，看来我还不错嘛，还可以偷偷懒。"

我们在看到周围的环境和人的样子后，总会对今后自己的未来产生积极或者消极的想法。

那么，你倾向于哪种想法呢？

是积极思考派，还是消极思考派呢？

对于我来说，不论自己所处的环境是好是坏，我都是积极思考派。

比如，在我过生日的时候，有实现了自己梦想的成功人士请我吃饭，且教授我非常有用的知识。这个时候，我不仅会觉得自己是幸运儿，而且会下定决心："总有一天我也要成为他那样的人。不仅要做接受祝福的人，还要做能够祝福别人的人。不仅要让别人做我的老师，有朝一日也要成为给别人传达有用的知识、带去欢乐的人。"并且我还会为此付出努力。

相反，假如我看到那些不好好努力，却嫉妒别人的成功，在酒桌上乱说别人坏话的人，就会下定决心："我一定不要像他们那样。即使自己的处境不好，也要从心底里祝福那些取得成功的人。"

这样的话，自己的心中就会生出一种"我这个人还不错嘛（笑）"的自信，我将这称为"自我喜欢症候群"。无论遇到什么样的事情，积极思考派的人还是有很多的。

为了让自己保持自信，非常重要的一点是要自己喜欢自己。"虽然我讨厌自己，但是请你喜欢这样的我"或者"我也不知道自己对不对，但是请你相信我"。稍微想一想都觉得这是非常困难的吧？

你首先要做的是让自己喜欢上自己、自己相信自己，患上"自我喜欢症候群"。无论处于什么样的环境，都要做一个拥有自信的人。

多亏了很多人的帮助，现在的我，祝福别人的机会反而比被别人祝福的机会更多。并且，在我的周围有很多好朋友真心为我鼓掌喝彩，他们总是夸赞我："真的是非常努力呀，做得不错！"

这样，我自己也渐渐觉得我确实是超越了以前的自己，取得了小小的成功。

"低谷体验"，可帮助你跨越任何障碍

每当被别人问到"拥有强大自信的人和遇到事情就崩溃的人的区别在哪里"，我都会回答区别在于"低谷体验"。低谷越大、越深，跨越低谷时给

你带来的自信心就越强，就越难以撼动。不过，即使这样，还是有很多人不愿意体验低谷的吧。

"低谷体验"的神奇之处在于，即便你自己没有这样的经历，只是从所憧憬的人那里听到这样的体验，也是非常有帮助的。

在我小的时候，父亲经常会给我讲他的"低谷奇谈"。

父亲告诉我，为了赚钱养家糊口，父亲只上过小学一年级。现在看来这简直是非常难以置信的事情。

父亲夸张地给我讲了上百次、上千次这样的体验。每天晚上，父亲都会给我讲相同的受苦经历。如果我没有做出像是第一次听到这个故事的样子，就会被父亲训斥；所以我中学时候，父亲还没张口我就知道他今天要讲什么故事。

父亲给我讲了第二次世界大战后的经历：

"你知道商店里看起来不成样子，左右鞋码还不一样的运动鞋卖得多贵吗？

"你知道我那时候都是在河里抓螃蟹，回家炸了之后去街上换大米的吗？

"给东家摆草鞋，如果只是随随便便地摆在那里，也要被训的。寒冷的冬天得先把鞋子贴在肚子上温暖之后再摆过去。

"自己一个人面对一群人，死皮赖脸地吵架。

"被自己非常信任的人欺骗，损失了全部的创业资金。"

……

父亲有很多类似的"昭和故事"和"恐怖故事"。

面对逆境，父亲是一位非常顽强的人，我非常敬佩我的父亲。受到父亲的影响，我在面对困境的时候，总会想"父亲可以做到的话，那我一定也可以"，从而勇敢地面对困难。

我自己也有这样的经历。我第一次出去打工的时候，在上野的一家烤鸡肉店工作。我的工作只是负责卖烤鸡，但是刚过了两周，一起工作的叔叔突然生病，只剩我一个店员，只能由我一个人承担串肉、烤肉、卖肉的全部工作。当时我的技术也不太好，还得把烤鸡全部卖出去，不能有剩余。

这个时候，我就想起了父亲卖光大小不一的运动鞋的故事。为了不让任何一样产品剩下，我对所有烤串做了详细的介绍，标注出每类产品来自鸡的哪个部位。这样一来，烤鸡肉竟然难以置信地全部卖完了，电视台还对我进行了专门的采访。

这样的经验，在后来做空姐的时候，以及现在做营业的研修中，都非常受用。

父亲给我讲的故事，帮助我度过了许多艰难的时光。

人生不如意事十之八九。不如意事是上天对我们的考验。多亏了父亲给我讲的故事，我才能战胜诸多困难。

"低谷体验"，可以给自己带来不可撼动的信心。即使自己没有这样的经验，只要听了别人的类似经验，也可以转化为自身的能量。

我赞成鼓励教育的原因

虽然已经很努力了，但是工作时我还是失误了，被上司和客户一顿训斥，失去信心，不断地自责。这个时候，我就想着要不要辞职不干了，变得悲观消极起来。

同事看到这样的你,安慰道:"不要过于在意,谁还没有犯错的时候呀!"但是为什么你会那么生气,甚至说出一些难听的话:"你又不明白我现在的心情,说这些空话有什么用!"这样一来,你陷入了恶性循环,越来越讨厌自己,走上了不归路。

如何从自暴自弃中走出来,在工作中不犯常识性的错误,给未来的自己带来宝贵的自信和经验呢?这个时候,你需要的是鼓励和赞美。

但是,自己犯了错还希望得到别人的赞美可是万万不行的。

最近,我从一家大型企业的一名四十多岁的助理那里听说:"最近一个年轻人在做自我介绍的时候说:'我是越得到鼓励越有干劲的人,所以请大家多多表扬我。'对于这种说法,大家都感到非常吃惊。"现在的年轻人说出这样的话，我倒觉得可以理解。实际上，我的学生们也有很多次对我这么说过。

遇到这种情况，我都会说："不行，结果没出来之前我是不会表扬你的。如果你想要得到表扬的话，请你自己表扬自己。你付出的努力只有你自己才知道，所以你可以自己表扬自己。"

在学校中也有相应的训练，预演进入社会后可能遇到的困难，帮助学生重新振作。

无论失败多少次，哪怕最后没有结果，为了让自己长久保持应对挑战的热情，你需要自己鼓励自己，勇敢战胜困难。

人的大脑是非常不可思议的：即使周围的人没有鼓励你，但是自己对自己说一些鼓励的话，也能开心起来。大脑的力量是不是很不可思议？

但是如果你是比较害羞的人，不习惯自我鼓励，可以试着让周围的人鼓励你。

真诚地想要获得别人的表扬，你仿佛真的听见别人对你说了表扬的话。人的大脑就是有这样神奇的作用。

无论怎么说，假如别人没有表扬你，而是不断批评你，你就容易陷入消极情绪。请一定要尝试去发现周围人的优点，尝试多多鼓励别人。

回到家里以后，站到镜子前，回想一下今天自己所做的努力，自己鼓励自己。

试着写下鼓励自己的话语吧。

它们一定可以成为你明天努力奋斗的动力。

我的女儿小学的时候，曾在作文里写过这样的句子：

"我的妈妈站在镜子前，对自己说'微笑起来'。"

　　我的乖女儿呀，妈妈现在也一直在微笑呢，是不是很厉害？

　　记住，坚持就是胜利！

给没有自信，容易消极的人的建议：

不要总是期待别人表扬你。

与其期待别人表扬你，不如自己表扬自己。

如果想要别人表扬你，那么你首先要做的是尝试发现别人的优点，然后去表扬别人，给别人带来快乐。

瞬间吸引：
人际交往中令人心动的加分项

让我们一边回想，一边记下来吧！

对着镜子前的自己，大声说出表扬自己的话。

虽然没有对家里的人说过，但是如果说出来，他们会非常开心的话。

下次见到朋友想要对他们所说的感谢的话。

勉励努力却一直没有回报的属下或者后辈的话。

这样的瞬间，可以感受到"自我超越"

俗话说，一波未平一波又起。有些时候，可能你会郁闷为什么只有自己遭遇到这样的不公呢？或者，为什么自己遇到的净是过分的事情！

比如：

在职场中，不管付出多少努力，取得怎样优秀的成绩，还是不被上司认可，甚至自己的成果还被别人窃取，简直过分至极；

不论怎样真心对待另一半，结婚后对方还是会出轨；

自己辛辛苦苦攒下来的钱，被骗子用"做手术的钱不够了"等理由骗取。

我之前也经常遇到这样的事情，每逢如此，我都会不断地追问自己："这应该是上天对我的考验吧？我能够经受住这样的考验吗？我能够渡过难关吗？"

我也曾痛哭流涕，一度找不到答案。但是我选择坚定不移地相信自己，不放弃，必须要重新站起来。我不断重复着"要坚强"，站在镜子前对着自己坚定地说："不能低落、不能愤怒、不能放弃。被他人欺骗总好过恶意地欺骗他人，这至少是非常好的教训。从零开始努力。现在才刚刚开始。下次一定会顺利起来的。""没关系、没关系，我要对所有的东西都保持感恩的心，努力去报答别人。""要让大家都幸福快乐。要为公司做贡献。发生不好的事情，一定是上天的安排。要改变自己，要刻苦努力。我一定可以办到，可以渡过难关。为了明天努力！"

就这样，10年后的现在，每当遇到困难的时候，即便我已经不常对自己说这样的话，也可以在一瞬间切换想法。

"我拥有克服困难的力量。好的，那就尽快把舞台清理干净，向着下一个舞台前进吧！上天一定是为了让我更加幸福，所以安排了这个考验。谢谢、谢谢，努力起来吧！"

是的，这就是超越自己的感觉。当你获得了新的思考方法、接受方式、渡过难关的方式的时候，你的人生舞台会更加广阔。

当你的人生舞台更加广阔后，考验也就慢慢地消失了。

遇到困难的时候，如果心里想着"好想从现在的痛苦中逃脱出来"，即使战胜了痛苦，这样的痛苦还会再次袭来。当你深刻地认识到"超越自己"是一种心灵考验和精神修养，那么你就会一点点地成长。

越是痛苦的时候，越要咬紧牙关战胜困难。因
为你现在面临的考验正是你人生舞台需要清理的
障碍。

缺乏自信的时候，更需要微笑、微笑

请闭上眼睛，想象一下这样的场景：

你第一次买票去看演剧，座位在第一排，价格
是 1 万日元。幕布拉开，聚光灯照亮的地方，站着
一位自信满满、面带微笑的女演员。此时你的感受
是什么样的？

难道不觉得这个女演员很不错，自己很幸运吗？

另外一个舞台上，幕布拉开之后的 0.5 秒，站
在聚光灯下的是一位看起来没有什么信心的新人女

演员。你的感受是什么样的呢？

心里不免会这么想吧："喂喂，我可是花了1万日元来看演剧的。这女演员能演得好吗？"即使两个女演员的演技水平没有什么差别，但哪一位女演员更能给观众们带来幸福感呢？

一定是前者那位富有自信、面带笑容的女演员吧。人们总是在期待面带微笑的人，并对这样的人抱有好感。因为"期待""抱有好感"，所以才会用温柔的眼光去守护。相反地，脸上总是带有不安的表情、愁眉苦脸的人，则会让人感到不安，令人心生怀疑。

以上的场景，并不仅限于女演员这个职业。

你在进行面试的时候，一定想要获得面试官的信赖。在面试的时候，既有面带微笑进入面试房间的面试者，也有一直看向地面、看起来没有自信的人。

结果会怎么样呢？

不必多说，面试官一定更想向那位面带微笑的面试者提问。

面带微笑的面试者，因为引起了面试官的兴趣和注意，所以更加有自信回答面试官的问题。

即使没有自信，从一开始就面带微笑，也会给自己带来更多机会。能够支持你的人只有你自己；这样的想法可以给你带来更大的自信。遇到一个人无法办成的事情时，大家也会帮助你一起渡过难关。

越是没有自信的时候，越需要努力微笑。

微笑可以带来幸运！

越是没有自信，越要保持微笑、微笑！

第 11 步

将过去的苦难变成未来的快乐的训练

我每天都会遇到各种各样的人，在和这些人的交谈中，我注意到了这样一件事："实现梦想的成功者"这样幸福的人口中，从来不会出现消极的事情，他们也绝不会提起过去受的背叛或失败。

认识了某个人很久之后，才听周围的人说："那个孩子也算是受了不少苦，所以更加能够体谅别人

的痛苦。真的是非常不错的孩子。"这让我对那个人更加肃然起敬。

　　相反，那些看起来一点也不幸福、满嘴抱怨、总是厄运缠身的人口中，经常可以听到他们过去被背叛的事情，感受到他们的嫉妒、怨恨和对失败的懊恼。如果追问下去，他们更会滔滔不绝地讲述那些过往的悲伤故事。

一句话，改变了我的人生

　　如果经常沉浸在过去的不幸中，总是自怨自艾，将怨恨和嫉妒挂在嘴边，那么好事是不会发生在你的身上的。

　　你还会遇到更多同样的事情，甚至有可能会遇到一些对人怀恨在心的人——"我和你有同样的遭遇，让我们一起报复世界吧。"

如果这样的话，你将深陷悲伤往事无法自拔，浑浑噩噩度过余生。

可是如果就这样度过一生的话，岂不是太浪费了？

无论自己身上发生了多么悲痛的事情，受过多少苦难，都要尽早从悲痛中走出来，不断前进。这样做，也会给关注你的朋友们带来欣慰。

大约20年前，我因为卵巢囊肿住进了医院。医生对我说："这次是个大手术，有可能会留下比较大的伤疤，请做好心理准备。"被告知身上将会留下伤疤的时候，女性朋友们一般都会感到悲伤吧。但是，这一天却成为我和一位优秀的护士相遇的美好一天。我和这位护士的对话是这样的：

"心美有姬小姐，您以前是空姐对吧？"

"是的，后来辞职了，现在没有工作。现在这个样子去上班会比较困难，所以我就去了职业学校学习花艺，将来有可能成为花艺师。"

"哇，很厉害！我明年就要结婚了，能麻烦您给我做一束花吗？"

"是吗，真为你高兴！这有可能是我受邀制作的第一束花，这样的话我可要努力学习花艺了。"

以上是手术10分钟前的对话。托这位护士的福，我满怀希望地进入了手术室。之后住院的日子，也是一个劲儿地学习花束设计，还将别人来看我时送的花拿来练手。

我按照住院时的约定，在她结婚的时候送去了自己设计的玫瑰花束。这段经历给我带来了极大的自信，之后我以花艺设计为副业，赚取外快维持生计。

如果护士对我说"心美有姬小姐，您以前是空姐对吧？"的时候，我的回复是"是的，所以现在没有工作。太讨厌了。生病住院，还因为辞掉了工作失去了保险，真是倒霉"。结果会是什么样的呢？接下来想必一定是非常消极的对话："确实是烦人呀，你太可怜了。以前也有和你一样遭遇的患者，真的是太可怜了！""是吧，今天的手术还会在身上留下伤疤，简直不能再糟糕了。"进入手术室后，我的心情也会更加低落。以这样的心情住院，自己也会更加怨恨公司，抱怨命运的不公。

一个人心情低落的时候，自然想要找可以安慰你的朋友倾诉。只有那些能够指引你向着更加美好的未来前进的朋友，才能照亮你今后的人生道路。

请现在就将过去的悲痛情绪斩断，去结交那些可以帮助你走向美好未来的朋友吧。

这样做可以使最坏的回忆变成美谈

每个人大概都有一两件不愿回想起的悲痛往事吧。

我小时候，经历了非常多悲伤的事情。

这里且讲述其中的一件。

在学生时代，我属于吸空气都会长胖的体质，整个学生时代都非常胖。

高中的时候，我经常因为肥胖被一些男生嘲笑，有很多时候自己也非常讨厌自己。我也想过通过化妆和改变发型来改善自己的形象，却被"班草"嘲笑是"大佛化妆"。被嘲讽的情景，直到今日依然历历在目。

但是，我现在非常感激那个男生。那个时候，正是因为有他嘲笑我，我才会思考克服肥胖的方法，最终走上印象力管理培训的职业道路。

当时我对妆容、发型、时尚几乎没有了解，这段经历让我开始想要学习相关知识，最后找到了适合自己的发型风格。我可以说是特意为自己营造出了肥胖的形象，从而真实地感受到了那些想要看小脸和瘦瘦的女生的人的心情。很多接受我的训练的人，也和我有相同的遭遇和烦恼，这无疑增加了我们之间的亲近感。

几年前，在参加同学会的时候，我向曾经嘲笑我"大佛化妆"的那个男生打了招呼。他也记得当时的事情，不断地向我道歉。但是我却对他说，我一直都想谢谢他，这件事情算是有了喜剧的结尾。

如果我们能够像上面这样转变思维方式，那么对人的怨恨、讨厌的情绪，慢慢就都会消失不见。你甚至还会微笑着对别人说："凡是过往，皆为馈赠。"过往的一切既是对自己成长的试炼，也是美

好的回忆。

对别人的憎恨和由此带来的情绪会让人疲惫。如果可以扔掉让自己感到疲累的情绪，那么你的心境也会发生变化，"爱笑率"也会提高。

现在我可以瞬间改变自己的想法，也算是让我有一点点值得自豪的地方。当我感到厌烦、疲惫的时候，瞬间转换心情："不行，这是不对的。刚刚发生的一定是必要的，不能感到厌烦，不能消沉下去。只要努力，总有一天会结出丰硕的果实，所以我要感谢这一切。"

所以，最近几年，我几乎不会感到心灵疲倦，每天都过得很开心。

周围的朋友们看到我一直都很乐观向上，都对我说："与心美有姬有关的一切都很美好。"朋友们能够如此称赞我，我感到非常幸福。

坦然接受生命的一切馈赠

如果你真心地认为过去的一切都是馈赠，自然就会感到未来的一切都能带来幸福，这是非常有用的事情。如此一来，你的未来也会变得光明起来，充满希望和梦想。

比如，天气预报明天有雨的时候，在心情将要变差的一瞬间，如果可以在心里描绘如"和优秀的人同打一把伞"这样的美好梦想，就会变得开心起来。

如果你为了准备和优秀的人同打一把伞而买伞，那就带动了消费。而且如果下雨的话，大地也就不会干旱了。就像这样，成为对自然法则也能心存感激的心地善良的人，你也会更加喜欢自己吧。

当你被别人所背叛的时候，如果能够将这件事作为反面教材，"被人背叛原来这么难受，自己绝对不要做这样的事情，要控制自己的欲望"，尝试去谅解背叛自己的人，那么你就可以真正说出"请相信我，我懂得被人背叛的痛苦，所以我绝对不会做这样的事情"，相信别人也会信赖你的。

就像这样，如果可以从心底里认为过去的一切都是上天的特殊安排，那么相信你未来的一切都将会充满梦想和希望。

过去发生的一切，不论是好还是坏，都是实现幸福的必经之路，是未来快乐的源泉。无论发生什么事，通过提高获得快乐的水平，每天都可以生活得非常愉快。

将日常发生的坏事瞬间变成快乐源泉的训练

① 乘坐的电车晚点导致迟到

获得快乐水平低的人

"什么呀，电车太差了。闹钟也真是让人心烦。所有的一切都很烦。今天是最差的一天。啊，不想去公司上班了，不如辞职吧，想要自由自在！"一切都是别人和社会的过错。

获得快乐水平中等的人

"啊，怎么办？真是愁人呀！我要怎么找理由呢？公司一定不会放过我的，今天真是不顺利呀。算了，就这样吧。"适当放弃，止步不前。

获得快乐水平超高的人

"啊，太遗憾了（这个时候转换心情），明天要早点起床。或许不应该坐电车，骑自行车会更好一些。骑自行车还可以锻炼身体，顺便减肥，或许还可以交到帅气的男朋友。"一切都是为了让自己变得更好，因此对世界心怀感恩。

如果是你的话，遇到这样的事情你的感受是什么呢？
请在下面写出自己的心声和行动。

② 恋人突然提出分手

获得快乐水平低的人

"我对你那么好，你却背叛我，我绝对不会原谅你。怎么能这么轻易地分手？我会死缠烂打，纠缠到底的。"内心充满怨恨。

获得快乐水平中等的人

"为什么要分手呀？我哪里做得不好吗？我明明一直都很相信你。这简直完全不能理解，我再也不相信任何人了。"受到极大的伤害。

获得快乐水平超高的人

"大概是我没有完全表达出来对他的喜欢。要自我反省。虽然现在很悲伤，但是我今后一定会遇到合适的那个人吧。在遇到那个人之前，要好好工作，培养自己的兴趣爱好。这次分手也许是不错的机会。"珍惜自己的时间。

如果是你，遇到这种情况会是什么感受呢?
请写出自己的心声和行动。

③ 突然被公司解雇

获得快乐水平低的人

"工资低还给你工作，经常加班使得家庭关系也破裂了，为什么还要炒我鱿鱼呀? 并且那个得意忘形的家伙凭什么留了下来? 公司真的是太差劲了。"不断痛恨公司和同事，陷入长期失业。

获得快乐水平中等的人

"啊，我被炒鱿鱼了? 一定是骗人的吧，我不信。是我哪里做得不好吗? 如果不给我好好解释一番，我是无法接受的。"后悔不已，停滞不前。

获得快乐水平超高的人

"我都这么努力了，还是被解雇了，看来竞争还是太激烈了。但这也许是一个重新开始的难得机会。我要总结经验教训，向着梦想不断挑战。这样的机会可是非常珍贵呀！"

将失业转变为机会。

如果是你的话，遇到这样的事情你的感受是什么呢？请写出自己的心声和行动。

这样罗列出来的话，我们可以看到获得快乐水平低的人，总是执着于痛苦的往事，习惯抱怨别人。

获得快乐水平中等的人，往往会陷入不幸之事，由此感到不安，停滞不前。

但是，获得快乐水平超高的人则完全不一样。他们总是会自我勉励，将悲伤的事情转变为机会，相信美好的事情终会发生。

请一定要尝试模仿获得快乐水平超高的人的思维方法。哪怕只是去模仿一下，你也可以感受到幸福的变化。

第四章

用印象力实现梦想的规则

第 12 步

尝试完全不可能的事情

　　我们每个人都有"苦手的事情"。

　　你有查过"苦手"这个词的意思吗？在日语词典里，这个词的意思是"不擅长"。那么与之相反，"擅长"的意思是什么？查询后得到的解释是"熟练、有自信、能上手的事"。也就是多次重复逐渐形成习惯，可以很熟练地掌握，有自信的事。

我们再重新看一下"苦手"的意思，对应的就是"重复次数少，不熟练，没有自信"。

我在亚细亚大学经营学部的课堂上，对来参加研讨会的学生们提问："什么是真心诚意的关怀？"

大学一、二年级的学生，即使付出了很多努力，也做不出来自己想要的发型。可是到了大三的时候，问题就迎刃而解了。好的发型自然会极大地提升你的印象力，学生们就会对这件事更加擅长。

人人都能成功

我在做企业研修的时候，总会听到一些垂头丧气的抱怨，比如"我想变得像空姐那样漂亮，但是我的手太笨了，做不好发型"。请回想一下"苦手"的意思是什么，是重复次数不够，所以才不擅长，没有自信对吧。

只要不断重复、不断练习，每个人都可以做到。只是大部分人都缺少想做得更好，并且相信自己可以做到的决心罢了。

实际上，我询问了习惯放弃的女性花在发型上的时间，每天基本上只有 5 ～ 20 分钟。然而，那些能不断练习并坚持下去的女性则会花掉 30 ～ 60 分钟。相比之下，印象力好的女性还是非常注重发型的，会在这上面花更多时间。只要肯花时间和精力，绝大多数事情都可以做好。

你之前有没有过这样的想法：就稍稍尝试一下吧，如果感到很难我就放弃。

如果当时放弃的事是你梦想的重要组成部分，

那么你的梦想也许会因为这次放弃无法实现。是不是非常可惜？为了实现梦想，你需要做的是事无大小都要坚持到底，要彻底做完。

刚开始做某件事的时候，大家都是新手。做不到或者不擅长绝对不是什么难为情的事情，逃跑才是让人看不起的。

我最近开始写书、创作短评，真心觉得写作是一件非常困难的事情。准确地说，仅凭一台电脑是写不出文章的。

曾经，我辞去日本航空的工作，失去收入来源，所以去了人才派遣公司登记求职信息。这时候我才发现自己几乎没有社会适应能力——我不会使用电脑。

负责人把我引导到登记信息的位置上，对我说："请使用这台电脑完成登记手续。"当时我甚至不会用电脑输入自己的姓名和住址，更别提点击选择项录入信息了。

当那个负责人问我"登记完了吗？"的时候，我鼓起勇气问应该如何操作。对方对我说："只需要点击就可以了。"但是，我根本不知道点击是什么意思。就这样，我一头雾水地离开了那里，也没有做登记。自不必说，肯定没有找到工作。

如果我当时就这样放弃了，不去学电脑操作，我的人生一定不会发生变化。但是如果每天能够坚持尝试做不到的事情，那就没有什么是做不到的。这和做饭是一个道理。不擅长做饭的人，如果从来都不上手尝试的话，一辈子也不会做饭。但是，如果将这个人放到不得不自己做饭的地方，那么他很快就会学会做饭，并且逐渐变得擅长。

重要的事情再重复一遍——不擅长仅仅是因为现在的经验比较少。请一定要在脑海中消除"不擅长"的想法，向着自己的梦想，用心挑战必须克服的困难。

那些想着"肯定做不到"而放弃的梦想，再坚持三年也许就会迎来曙光。日本有一句俗语是："如果在冰冷的石头上持续坐三年的话，石头也会变得温暖。"只要有决心，坚持不懈，再难做的事情也能做成功。

感情改变你的世界！

当遇到困难的时候，很多人脑海中总会浮现"但是""话虽如此"等消极的词语，心里想着"虽然这么说，可是……""但是那还是不一样的吧"。请一定要尽快戒掉这种想法。

"但是""话虽如此"等，表达的都是逃避问题的态度。经常这么说的人，大多停滞不前，难有突破。

请从今天开始，将"但是""话虽如此"变成"确实如此""不错，不错"。你会马上感到自己日常的变化。

在和别人说话的时候，如果老是对别人说"但是"，很容易给人拒绝、不认可的感觉，对方自然会产生抵触情绪，也不会接受你的想法。但是，如果可以对别人说"不错，不错"，对方就会觉得你理解了他的意思，也会接受你。

你的思想和感情会影响到周围的事物。语言的力量很大，把你的想法表达出来，效果会更加明显。我之前做过很多次实验，比如保存苹果和蔬菜的时候分别对它们说"谢谢，非常好吃"和"讨厌，不好吃"。我发现说"谢谢，很好吃"时，苹果居然非常美味；但是说"讨厌，不好吃"时，苹果马上就会发霉变质，变得不能吃了。

因此，我在做演讲和印象力培训的时候，总会对听众说要多说美好的词语。我们尽量不要使用污言浊语，要努力成为沉着冷静、满怀爱心的人。

当你想说"但是""话虽如此"的时候，请立刻在心里默念10个数。这样心就会平静下来，然后再去说出"确实如此""不错，不错"这样的话。

坚持下去，自己所处的环境就会不断发生变化，你也会不断结交到志同道合的朋友。

那么，请现在开始练习。

不要说"啊，但是"，而是下意识地说"是的，我赞同"。

请一定要面带微笑地说出来啊。

第 13 步

无论做何事都能够享受般地努力

　　我喜欢竞争。准确地说，我小时候讨厌竞争，但是现在喜欢。

　　小时候，当第二天有考试或者马拉松大会，我晚上总是睡不着，感觉身体很难受。但是现在，我却非常喜欢这种感觉。

为什么呢？因为只有竞争才能够激发出潜力，只有挑战才能获得成功。虽然有时候也会不得不接受失败，但这并不是阻碍我们的理由。

进入社会这么多年后，我注意到，成年人的胜负和精神力、体力有很大的关系。相较于刚进入社会的学生，在泥潭里摸爬滚打多年的人更容易在社会上立足生存。更容易在社会上立足生存，指的并不是凡事都要经历痛苦，而是以一种享受的状态去努力。人生，也可以享受着实现成功。

当然，长大以后，提到竞争就会产生紧张感，很多事情也会因此做不好。但是，即使是一次也好，请梦想着取得第一名，并为之付出努力。

不光是我，一直在守护我的家人和朋友们看到我努力的样子，也会喜欢上竞争。

保持想要成为第一的决心

对我来说，"一直想要成为第一"，这种心情可能比孩童时代还要强烈。

但是，即使没有成为第一，我也会尝试着享受竞争。就像是谈恋爱时悸动的心情那样，怀着激动的心情面对竞争。即使没有取得好的成绩，成年之后我也会记得那份激动的心情。

最近，我结交到了一位非常优秀的朋友，华小姐（奥运会原游泳选手伊藤华英）。为了庆祝她成为普拉提指导员，我们一起去吃了烤肉。吃了很多，聊得也很开心。

吃饭的时候，我们谈论了一个让她非常激动的话题——竞争。我和她讲了我在大学讲课时竞争激烈的校园氛围。她对我说"竞争是非常重要的"，并和我讲了她在儿童游泳教室的教学方法。

她会在游泳课的最后两节让孩子们试着游一下。其中一节课，她会让孩子们回想当日的教学内容，轻松地游泳。另外一节课，她会对孩子们说"这次要认真地竞争一下"，让孩子带着竞赛的心情游泳。

其中不乏孩子不想参加竞赛的情况，但是华老师还是鼓励他们认真去比赛。其实华老师想对孩子们说的是："并不是获得第一的孩子才是优秀的，第二名、第三名，所有的小朋友都非常优秀。大家都很努力，所以大家都很棒。"她不断给孩子们传达这样的态度，直到孩子们都能够理解。华老师想要传达给孩子们的信念是，重要的是鼓起勇气参加比赛，努力游到最后。

结果正如她所说的那样。

孩子们参加了比赛，获得了不同的名次。如果不是大家一起比赛，自然就没有名次之分。因为有了竞争，所以才能确认自己所处的位置，孩子们都非常开心，同时意识到自己需要继续努力。

获得第一名的人，应该感谢第二名以及后面的竞争者；最后一名应该感谢比自己排名靠前的人，是他们点燃了自己的斗志。名次靠前和靠后的人，要相互感谢。这就是能够促进人们相互成长的竞争。

如果能够通过竞争促进自己的成长，那竞争就是实现梦想的捷径。请一定不要害怕竞争，要养成享受竞争过程的良好心态。

竞争的关键点在于，要衷心感谢你的竞争对手们。

严厉的批评是最好的建议

你也许会偶尔反感某些人说出令自己伤心的话。

也许你会想要尽量避开那样的人。不过事实上，这些人是值得你珍惜的。对你提出严厉批评的人，也是非常珍贵的。

严厉的批评也就是对别人说不出口的批评。擅长人际交往的人，与其说是不能将批评说出口，倒不如说是不想说。所以对你提出严厉批评的人是非常珍贵的，他们是为了让你变得更加完美而出现的谏言者。

比如，我刚上电视做节目的时候，有人对我说了下面的话：

"我看了你之前在电视上的视频，怎么回事？脸太大了，看起来不舒服。你不觉得如此吗？"

这些话对我的冲击很大。但是，既然有人有这样的看法，那么其他人会不会也这样想？

我转变心态，接受了那个人的批评，下次上电视的时候，做了一个蓬松的发型，遮盖部分脸部。然后，居然就获得了很多人的好评。

再回头看，那些对我严格批评的人，貌似是不认同我，但实际上是要把更重要的东西传达给我。虽然我在受到批评的时候，也会感觉很伤心，但是他们却是最好的谏言者，我现在依然很感激。当时所感受到的痛苦、悲伤，现在看来都是有意义的。

谢谢，谢谢，谢谢！

极限和终点带来巨变

每三年左右，我就会产生一次消极的情绪。"无所谓了，还是结束吧，不想再努力了，放弃梦想吧，不想干了。"这个时候，我似乎已达到能力的极限。但是考虑到家庭，我也会思考，难道就这样放弃吗？

但是，想到"这是最后一次了，明天开始不干了"的瞬间，我会迅速意识到：不对，不是的，这不是我一个人的问题，还有我的家人呢，还有很多人在支持我。

我能取得现在的成就，绝对离不开他人的帮助。所以，在一直支持我的人对我说"不错不错，你已经取得了很大的成就，谢谢你让我们一起见证你的成功"之前，假如我没有一直坚持下去，马马虎虎半途而废的话，那不就是背叛了一直支持我的人吗？

这样一想，我就会深刻地自我反省，重新燃起斗志。这样可走不到最后呀，我能够做的事情还有很多，加油！

支持你的人越多，帮助你实现梦想的力量就越大。你的梦想已经不仅仅是你的梦想了，因为有了支持你的人，你的责任感也会越来越强。

我一直告诉自己，为了实现梦想，我要大胆地、声音洪亮地和别人说话。这样的话，大脑的 RAS（网状激活系统）就会有反应，能更容易地收集实现梦想所需要的信息，梦想也会更容易实现。

你可以向很多人说出自己的梦想，获得别人的认同。如果有 1 万人祝你实现梦想，你的梦想将更有可能实现。当今时代，通过社交媒体分享自己的梦想，也不是难以办到的事情。

即使没有 1 万人，有 100 人、10 个人也没问题。

总之，不要让梦想仅仅停留在"一个人的梦想"这个层面，要让周围的人都参与进来。

首先，你要让你的家人和身边的人成为你的应援团、支持者。然后，不仅为了自己，也要为了别人努力奋斗。最重要的是，要让自己成为这1万人中的一员。

让我们为了大家的梦想，也为了自己的梦想祝福彼此吧。

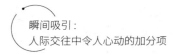
第 14 步

事事顺利的人才知道的心法

在家庭、自己、物质、梦想、事业、爱好中，对你来说最重要的是什么？

每个人对幸福的认知都不一样，上面这个问题，你能迅速给出答案吗？能够快速回答的人，大多看起来压力没那么大。

比如，回答"事业最重要"的人，多有着果断的思维能力。"对我来说，事业最重要，但也不是说我不打算培养爱好，或者不关心家人。"这样的人经常会被戏称为"工作狂"。

一名年轻的男性回答："家庭最重要。我完全没有兴趣出人头地。对我来说，最大的幸福就是周末和家人轻松度过，每天晚上一起吃晚饭。"

也有人回答："爱好是最重要的。我因为沉迷冲浪运动而离婚了，遇到不开心的事情的时候，就会去乘风破浪，什么样的不愉快都会忘掉。现在看来，我自己一个人也挺好的。"

确实如此。

如果向他们提问："这样真的好吗？"

他们会回答："因为没能力嘛，没法好好把握爱好和家庭的平衡，所以现在这样也挺好的，挺满足的。"看起来他们对自己的性格理解得还挺到位。

选择的好与坏，当然要交由自己判断，但是大家至少要决定好顺序，掌控好平衡。

实现梦想的小努力

除了最重要的事情之外，你还有很多想要得到的东西吧？当然，如果你想要一下子得到自己想要的所有东西，那可是需要相当的运气和实力的。

不过，我们可以去逐个击破。只要抱有信念，长时间坚持下去，所有事情都是可以办到的。但是想要的东西到手后，如果努力停止，在你偷懒的时候，得到的东西也会一点点地消失。

对于15年前的我来说，"和家人的幸福时

光""精神、肉体的幸福""日常生活需要的物品""让
人自豪的工作""培养爱好"这些东西和我完全无缘。
我每天祈祷的无非是"希望今天可以平安地度过"。
那个时候,梦想仅仅是梦想,在我看来是完全不可
能实现的。

在我陷入低谷的时候,我转变了思考角度——
绝不轻易言弃,相信自己可以得到幸福;只要坚持
一点点努力,幸福的果树就可以生根、发芽、茁壮
成长。

走到现在,已经15年了。老实说,时间挺长的,
这更增加了努力带来的喜悦感。渐渐地,我没有了
患得患失的恐惧,变得自信起来。

就这样,我逐步获得了梦寐以求的东西,也实
现了梦想。这都要归功于每天决定选择的顺序,向
着梦想不断努力。

除了决定选择的顺序之外，还需要一个小努力。

那就是，尽量认真地向一起追逐梦想的搭档讲述你的梦想，取得对方的理解，获得对方的支持。

比如，当你想要得到"和家人的幸福时光""工作赚钱买房子""有时间和精力投入自己的爱好和梦想中"时，你的选择顺序可以是：工作赚钱买房子，和家人的幸福时光，有时间和精力投入自己的爱好和梦想中。

首先，你要努力工作，为家人买房子。这个时候，你要取得家人们的理解和支持，向他们明确"今后×年我都要将大量时间投入工作中，现在正是精力充沛，发展事业的好时机"。假如不这样，即便赚钱买了房子，工作也稳定了下来，家人却和你渐渐疏离，你能接受吗？虽然是为了家人才努力工作的，但你的家庭为何会走到支离破碎的地步呢？

当我成为一家之主后，我拜托双亲帮忙照顾两个年幼的女儿。我向双亲解释了我心里的选择顺序和想法："今后3年可能都需要爸妈帮我照顾女儿，请一定要帮帮我。"我向父母明确传达了这样的想法。以3年为单位，3年之后的选择顺序是如此这般，再3年后是这般如此，我将这样的选择顺序向我的父母做了解释。

最近一段时间，已经高中三年级的长女对我说：

"之前一直不太明白妈妈为什么要做各种各样的宣言，现在终于明白了。妈妈一直都那么努力，谢谢你一直照顾我，妈妈太厉害了。"那天晚上，我们俩在洗手间抱头痛哭。

请你也和支持你的人谈论一下自己的选择顺序和具体计划吧。追逐梦想的进程，也会影响到身边的人。将你的计划共享给支持你的人，没有达到自

己的预期的时候，从支持自己的人那里得到建议，

也会取得令你意想不到的效果。

名人们说我看起来很幸福的原因

我认识的人中，既有普通人艳羡的明星，也有

可以影响国家政策的幕后政客，还有回头率非常高

的美女朋友。

但是遗憾的是，几乎没有一个朋友可以说出"我

每天都打心底里感到幸福"。

我对别人这么说的时候，别人还会非常惊讶地问：

"真的吗？"

相反，他们都非常羡慕我，总是对我说："每

次见你，你看起来都很幸福呀。"

被别人夸赞"看起来很幸福",当然是非常值得开心的事情。不过为什么明明得到了自己想要的一切的人,却不可以说出"我从心底里感到幸福"呢?幸福到底意味着什么?

在和他们的交谈中,我注意到了以下几种情况:

·在大公司工作,赚钱很多,但是得了起因不明的病,每天都惴惴不安……

·健康状态良好,是公司的社长,但是公司有内鬼、背叛者……

·有爱意满满的家庭,家人都很健康。但是突然被解雇,失去了经济来源……

这些情况说明,几乎没有人能够同时获得"自己和家人健康""没有背叛和竞争的环境""丰厚的收入"。

即使获得了其中之二，缺少一个的话，也无法感到幸福。

对我来说，这三个方面，我没有一个很出众的，但是我很好地掌握了三者的平衡。如果每天都可以抱着感恩的心努力生活下去，不知不觉间，你也可以掌握这种平衡。

同时平衡了这三点的人，才是"究极的凡人"，是真正的幸福者。

大家怎么样呢？请一定要客观地对待这看似简单的三方面。

平衡这三个方面的秘诀就在于不论现在是什么状况，都比以前更加感恩，无论遇到什么情况，都要重新思考。

以上面三种情况为例子：

·在大公司工作，赚钱很多，但是得了起因不明的病，每天都惴惴不安……

公司运转顺利，赚的钱很多，身体也很健康，要如何感谢健康呢？

你可以在吃完东西后，拍着肚子说"胃先生，谢谢你"，或者在走了很多路的时候，在浴室一边按摩脚一边说"脚先生，今天表现不错"。

如果觉得胃的任务就是消化，脚的任务就是走路，不去感谢的话，虽然都是自己身体的一部分，是不是也会觉得不听使唤了呢。

·健康状态良好，是公司的社长，但是公司有内鬼、背叛者……

有活力，工作干劲满满，成为公司的社长。你有觉得自己付出了很多吗？是否要对公司发展做出贡献的社员们和一起创业的朋友说一些感谢的话，

展示一下感谢的态度呢？"因为自己的努力，所以事业取得了成功。"这样的想法只会增加敌对者。

真正有实力的人总会把功劳让给别人，他们总有很多朋友而非敌对者。至于背叛，可能是由于你自己对别人的爱不够。

·有爱意满满的家庭，家人都很健康。但是突然被解雇，失去了经济来源……

最喜欢家人们，家庭关系和睦。这些是否会成为你生活的重要事项呢？

是否每天都感谢并认真地传达"家人们能够安心地生活，全靠公司的帮忙，全靠公司给我工作的机会"这样的心情呢？公司面临困难的时候，自己是否家里和公司两点一线地努力工作？下班后是否不去参加公司的送别会等浪费时间的活动，直接回家呢?

如果不将理所应当的感谢认真传达给应该感谢的人，你也许会遇到挫折，境遇急转直下甚至无法顺利前进。我所追求的"究极的凡人"，就是掌握好这三个方面的平衡，并且认真地向别人传达感谢。

珍惜理所应当的事情的人，即使没有让所有人都羡慕的巨大的幸福，也会被小小的温暖和幸福包围，没有不满和不安。

曾经有一位能够影响日本国家政策的大人物对我说："你是一个幸福的人。"如此看来，我真是一个可以感受到小小的温暖的"究极的凡人"，也是一个幸福的人。谢谢大家的认可。

请从今天开始挑战"究极的凡人"。

微笑告别

希望变得幸福的人，不是自己也不是家人，而是"眼前人"。

如果眼前的人不幸福，你的家庭也不会幸福。如果放任眼前的人痛苦而不管的话，你也不会幸福。

每一次相遇，我都非常珍惜。无论在什么样的境遇下相遇，无论见面时有多大的误解，离开的时候一定要以好心情微笑着告别。如果不珍惜每一次的缘分，那么我的梦想——让日本成为影响力国家——就不会实现。

为了实现这个梦想，每天都要不断努力。如果我每天都坚持小小的努力，那么总有一天努力会结出丰硕的果实。

如果我的眼前人微笑的话，眼前人的家人和朋友、同事们微笑的概率也会提高。因为微笑具有传染力。

如果这样的话，眼前之人的家人和朋友、同事……也会不断地传递微笑吧？

如果我自己可以让眼前的10个人微笑的话，这10个人也会令其周围的10个人微笑，这样一来就会有100个人微笑。如果这100个人每人传染10个人的话，就会有1000个人微笑。这1000个人每人再去传染10个人的话，转眼间1万人就会微笑起来，离"影响力国家"的目标就更近了一步。

我的梦想一定会实现！

我要继续坚持小小的努力。

我一定可以实现梦想。

第 15 步

消除压力的"心情转换·恢复法则"

成年之后，我变得容易落泪。

小时候，我被大孩子欺负，都会咬着牙想着"绝对不能流泪"。可是，最近我落泪的频次几乎是一个月一次。

数据表明，流泪可以减压。

原本我是一个"强人（笑）"，私底下悲伤哭泣的事情，一次也没有发生过。但是在我看到感动的电影或者电视剧，听到动人音乐的时候，反而不自觉落起泪来。

消除掉一天的压力，在浴室笑着哭泣的魔法

给大家介绍一个消除压力的好方法。在洗澡的时候，一边想着当天发生的事情、遇到的人，一边微笑或者哭泣反省。

这是我每天洗澡时的定例事项：

·老天爷，今天度过了美好的一天，谢谢你；

·一起工作的同事们，谢谢你们；

·虽然仅有一面之缘，但是应援我的人，谢谢你们；

· 做了美味午餐的厨师，谢谢你们；

· 有困难的时候帮助我的人，谢谢你们；

· 帮我拿重行李的人，谢谢你们；

· 和我谈心的人，谢谢你们。

像这样，每天在洗澡的时候，我都会说很多的"谢谢"。

闭上眼睛，一边在脑海中浮现当时的情景，一边感谢。

最后，洗完澡的时候，我还会对澡盆说"谢谢你，澡盆先生"。对当日发生的所有事情表示感谢之后，才是一天的真正结束。不论发生了如何令自己不愉快的事情，或者难受的事情，每天洗澡的时候，都会重置自己。

在做到完全重置感情之前，我不会结束洗澡。

有些时候我也会哇哇地大声哭泣。

当然做这件事的时候，不仅是感谢，也会有后悔、憎恶的情感浮上心头。

但是，每天这样持续下去，也会考虑："如果说我可以在进入浴盆后重置自己的话，那我也可以在最开始的时候就停止不愉快，现在就将所有的负面情绪全部消除掉。"这样一想，我心灵也会变得平静起来。

在洗澡的时候自言自语，在洗澡的时候哭泣，这就是我为了迎接美好明天，每天例行的消除压力法。

大家每天洗澡的时间，不仅可以清理身体的污垢，也可以清理一下心灵的污垢。这样不仅可以消除压力，也可以获得好心情。

第 16 步

激发斗志的口头禅、声音、手势

前面提到过，我在亚细亚大学做研讨会时，经常听到有老师说"不好了""真的假的"这样的口头禅。这是从女老师的口中说出来的。已经成为大学讲师的人了，竟然天天把这种话挂在嘴边，真的是令我吃惊。从那之后，我就在教室里禁止说"无论如何精心装扮，你的梦想也不会实现""不妙""真的办不到"之类的话。

做研讨的时候，很多人总是将"难以置信""又不是明星""反正"挂在嘴上。对于这样的人，我都会禁止他们说这些话。这样一来，他们就发生了改变。"真的办不到""难以置信"等消极的词语，慢慢地变成"没有办法，只能硬着头皮去做了"。半年、一年之后，大家都取得了很大的成长，经常说"我来做""请一定要让我做"，思考方法也变得积极起来。

改变口头禅的话，语言习惯会改变；语言习惯改变，举止和身体也会改变。自然地，一个人所处的环境也会发生变化，梦想改变，工作的地方也会改变，与人的相遇也会改变，人生也会改变。

从平时的口头禅，可以看出人生

你每天会说多少次"好幸福呀"这样的话呢？我自己的话，1 天至少要说 10 次，平均每天可能要说 30 次。实际上，即使是离幸福很遥远的时候，我也会强迫自己这样说，我相信经常说的话可以变为现实。

在那之前，我每天都会说好几次"这该怎么办啊"，当时我过的是非常不平稳的生活。虽然也像现在一样努力，但是好几年间的生活都不是很好。我突然意识到，是不是因为那时候总说："这该怎么办啊？"

之后，我坚持不让自己叹气，而是说"好幸福呀"。当时也是抱着试试看的心态，过了半年后，真的变得幸福起来。

我还有其他推荐的口头禅。

"非常好！"

"走运了，走运了，运气不错！"

"太好了，真不错！"

"太幸运了！"

"感谢！"

不论遇到好事还是坏事，我都会小声地说这样的口头禅。经常说这样的话，你就会感到自己所处的环境和遇到的人都在变好。

口头禅也是言灵①。言灵里面蕴藏着人眼所无法看到的能量。

---

① 言灵一词最早出自日文。信者认为言语中有着一股不可轻视的力量，誓言或诅咒为其行使的例子。不信者则认为，不过是"自我催眠"，或是不自觉地驱使信徒去实行而已。

如果想让这样的能量变成正能量，那就需要使用好的言灵。相反，如果在平常感受到了邪恶的能量，就要立刻停止使用坏的言灵。

这样，你的人生也许会变得幸运起来。

可以瞬间提高对方斗志的声音

我每天都会注意一个简单的事情，就是别人说话的"声调"。

不仅是小声说口头禅的时候，与人相遇时的问候，鼓励别人的时候，讲述自己的梦想的时候，我都会注意对方声音的高低。

你会不会好奇对方激动时候是什么声调呢？请注意一下在街角偶遇一直想见的人时对方声音的高低：

"哇，好久不见。能够在这里见到你，真是意想不到，真是莫大的缘分呀！"

"啊，难以置信，太意外了！"

这就是高兴的时候发出的声音。听到这样的声音，可以感受到"对方见到你是很高兴的"，这种音调会让你安心。相反，如果对方的声调比你期待的低，很多人会因此感到受伤害。

提升音量，很容易就能提高对方的激情。如果能成为经常激发别人激情的人，那么你的粉丝也会增加。

因此，不论遇到谁，打招呼的时候一定要带着激动的语气说："好久不见，身体还是一如既往的好呀！"这样可以让别人对你产生深刻的印象。

为了使自己发出的声音变得好听，我推荐每天早上做"嘟嘟训练"！

嘴唇突出，鼻子吸气，从口中吐气。这个时候，腹部收紧用很高的音量，长时间地发出"嘟嘟嘟"的声音。每天坚持做3分钟，自然地，从腹部就可以发出自信的声音。嘴唇周围的表情管理肌肉也会放松下来，发出的声音也会变得空灵好听。

嘟—嘟—嘟—

愉快地"召唤成功"，成功的关键

在向别人讲述自己的梦想的时候，当然要用好听的声音，同时也要面带微笑。这样的话，听的人就会自然感觉到"可以感受到这个人和我在一起的时候很开心，和我说话也很高兴"。接收到这样的讯号，对方将对你抱有好感，自然而然想要去应援你。请一定要抱着这样的心情，过多的顾虑只会让人感到你的戒备心。

理解别人的心情，只需要牢记"滴水之恩涌泉相报"的道理即可。与人相处，重要的是互帮互助。无论什么样的梦想，一个人是很难实现的。所以，相互应援对方的梦想，是实现更多人的幸福的必要条件。

别人帮助你的时候或者你帮助别人的时候，双方都会感到幸福，这难道不是非常美好的事情吗？

但是如果没有人应援你，那怎么办？我有一个经常使用的自己应援自己的方法。请一定要认真地尝试一下，一定会有非常好的效果。

我曾和著名乐天派人物松冈修造一同参加《报道 Station》节目。当时松冈先生夸赞我道："我是一个乐天派，但是心美有姬小姐的乐天程度远在我之上，非常棒！"请你也开始尝试以下动作吧。请站在镜子前认真地对自己说：

"我今天开始也要成为超级乐天派。"

"我可以的！"

"保持自信，迎难而上。"

"要做好现在**必要的事情**。"

"我要**集中精力**，一点点烦恼没什么大不了的。不必在意，不必在意。**没关系，没关系，一定可以！**"

"好的，重置心情，重新开始努力！**微笑、微笑、再微笑。**"

"开心、快乐。**今天是最好的一天！明天也要加油啊！**"

最后握紧双手，对着镜子，昂首挺胸，摆出胜利的姿势。结束。

上面字体加粗的部分，一定要说出来。刚开始的时候，你也许会不习惯，所以小点声音也没有关系。但是，你一定不要仅在心里默念，要发出声音。

虽然你可能会觉得这些不过是"骗小孩玩的""无聊"，但是请一定要尝试一下。也许你就会发现，自己以前垂头丧气的样子才真是可笑。

越是受挫的时候，越需要大笑。如果能够笑出来，就可以重新燃起斗志。即使情绪低沉也要大声笑出来啊！

【小知识】

说话的时候，如果使用一定的姿势和手势，就可以提高周围应援者的理解度、共情程度。比如，营销团队可以通过姿势和手势提高销售额和目标达成率。

不仅是"召唤成功"的时候,如果想要周围的人应援你的话,也一定要活用姿势和手势。

号召的时候

打气的时候

手要超过视线。
女性不要露出腋下,
平行视线举起手就可以。

女性

表现喜悦的时候

女性

打招呼的时候

提高实现梦想的能力

姿势和手势

以姿势和手势来表达感情，可以很自然地激发动力。"召唤成功"的时候，讲述自己的梦想的时候，请在镜子前创造属于自己的姿势。接下来为大家介绍几种有效的姿势。

1. 传达自己的思考。

相较而言，左边的姿势在传达感谢的心情的时候，非常有效。

2. 使用数字作说明的时候，举起的手要超过视线。

3. 应援别人的时候，手要超过视线。

第 17 步

用"HITS 法则"打开梦想之门

上面为大家讲述了很多步骤，总结一下的话，为了实现梦想，最重要的是要掌握"HITS 法则"。这是我在培训超过 7 万人之后总结出来的黄金词语的首字母。

① heart

心。最重要的是要对梦想怀有火热的心。

② impression

印象。给人以可信赖的印象——如果是这样的人的话，那他一定可以实现梦想。

③ talent · technique · technology · training

实现梦想所需的才华、能力、技术，以及持续的努力。这部分虽然本书没有详细讲述，但是四个中有一个是必需的。

④ supporters

一起努力的朋友，在背后狂热地支持自己的应援团。为了成功，需要"S"的力量。

这几个关键词是你超越自己、实现梦想的黄金法则。

只要你不懈怠，就一定可以实现自己的梦想和目标。

美人鱼日本也采用了充满正能量的"HITS法则"

2012年，我为日本游泳联盟的高级教练做了印象力训练。因为指导游泳也需要印象力，所以我对教练们做了微笑训练。

以此为契机，我也开始为日本花样游泳（美人鱼日本）的选手们进行印象改革的训练。

为代表日本的运动选手们做训练是我的梦想之一。正式确定由我来培训的时候，我真的非常兴奋。

当我和选手们见面，开始培训的时候，我感觉出她们缺少一些东西。那就是赢得比赛、获得金牌的强烈愿望，也就是"HITS 法则"的第一个词，心。

但是，不苟言笑的女选手们看起来并不适合"赢得比赛"这样充满野心的话语。她们看起来更需要"要努力呀""好好表演啊"之类的鼓励。

这个时候，我认识到强硬地唤起她们的斗志是行不通的。

因此，我就对美人鱼日本选手们的印象做了训练。日常给人以严肃印象的她们，现在最需要的是代表日本的旺盛的精神力。

从开始训练的那天起，我要求选手们不仅要在日常的游泳训练中，而且要在其他任何地方保持微笑。从走路的姿势、坐姿到和人见面时的问候，我对她们提出了严格的要求。

刚开始的时候选手们都很害羞，但是过了一段时间，主教练见到我时夸赞道："最近大家都变得欢快了起来。姑娘们给人的印象也发生了很大变化。"如果可以改变自己给别人留下的印象，别人就会意识到你的改变，由此对你产生认同，你也会变得开心起来。

这样一来，通过个人的努力，日常的印象也会变得越来越好。接下来转到培育"热心"的阶段。

我问选手们，为什么是"想要表演好"而不是"想要获得金牌"呢？难道是她们都害怕结果吗？不是的，她们只是在这之前就放弃了。2012年伦敦奥林匹克运动会之后，她们自己给自己套上了枷锁——无论怎么努力都是第5名。如果不打破这个枷锁，选手们是无法实现质的飞跃的。

我站在游泳池边看选手们辛苦训练的时候，打心眼儿里想要帮助她们拿到金牌。因为选手们都在很认真地练习"HITS法则"，磨炼技术，不断努力。

我一边这样想着，一边大声地对选手们喊道："我！想要帮助大家！获得金牌！！"我当然是抱着非常认真的态度，但是选手们都是一脸蒙——"开玩笑的吧？"

我并没有畏惧选手们的反应，反而一次又一次地向她们传达这份心情。但是，她们还是一副难以置信的面孔，仿佛是在疑惑我为什么要说那样的话。

我终于明白，只有我自己一个人叫喊的话，是不足以成为美人鱼日本的支持者——"HITS法则"的最后一个词。所以，我决定让大家一起喊出来。

最近两年，我从宫城县石卷市的朋友们那里收到很多写着"石卷市加油啊"的日之丸旗，从亚细亚大学管理专攻学的学生们那里收到了很多写有应援话语的团扇和日之丸旗。不仅如此，我还从在日本各地演讲和做志愿者时认识的朋友那里收到很多录像带……

将这些日之丸旗和团扇等作为礼物送给美人鱼日本的选手们后，她们的表情渐渐发生了变化，心中燃起了斗志，即使站到摄像机前也能够大声地宣言："一定会取得金牌！"

现在，美人鱼日本的选手们为了下届奥运会在努力地备战中。获得金牌不仅仅是她们自己的梦想，也是全日本的梦想。

选手们当然会微笑着努力的。每天在游泳练习前，选手们都会做脸部肌肉按摩，然后对着游泳池，大声地喊出："我们是美人鱼日本队！""游泳池先生，拜托了！""教练，拜托了！""队友们，拜托了！"看到她们这么努力的样子，我的胸中不禁也燃起了斗志。

虽然世界上有很多国家，但是奖牌只有金、银、铜三块。为了夺得奖牌，运动员们一直在专心致志地训练，真的是从心底里敬佩她们。获得奖牌只需要再前进一步，在 2013 年的世界游泳大赛的成绩是第 4 名。还需要更多、更多的支持者。

努力就会有收获

大家感觉怎么样呢？只要可以灵活运用"HITS法则"，很多的梦想都可以实现。所以，一直在努力，但还是无法实现梦想的时候，请认真地思考是不是还缺少"HITS 法则"的某个方面。

现在自己缺少的是热心吗？对梦想的狂热追求之心？

还是印象？是让别人看到你，就会产生信赖感，觉得你可以实现梦想的外表和说话方式，抑或信赖性的 PR 部分吗？

又或者是实现自己梦想的才华、能力、技术或者持续的努力？

或者是缺少当你想要放弃的时候，激励你不要放弃的支持者？如果有和自己并肩战斗的朋友的话，自己也许并不会放弃梦想的吧。如果有在背后支持自己的应援团的话，自己也会获得想要报恩、想要让支持自己的人开心的不可思议的力量吧。想必自己也不会逃避困难。

那么，如果你有缺少的东西的话，请一定要找出来是"HITS 法则"中的一部分吗？你所缺少的关键词，正是你实现梦想所需要的。

打开梦想大门的钥匙，就在你的面前，

你做好准备了吗？

那么，请行动起来吧！不要畏惧，不要轻视（笑）自己。能持续做好每个人都能做得到的小事的人，就可以交到知己，实现自己的梦想！

我一直坚信你可以实现自己的梦想。

因为这本书就是你狂热的应援者！

印象管理训练师　心美有姬